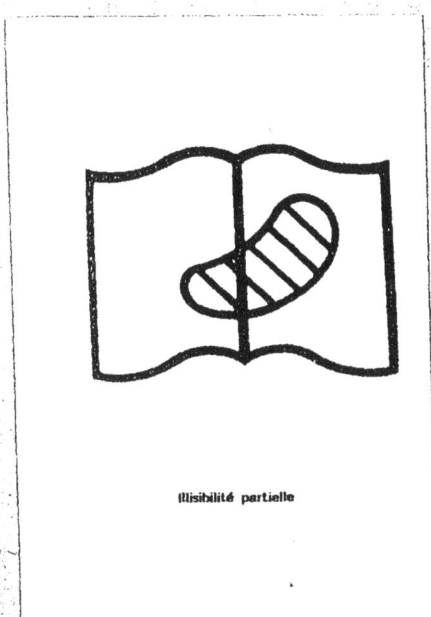

Illisibilité partielle

Valable pour tout ou partie
du document reproduit

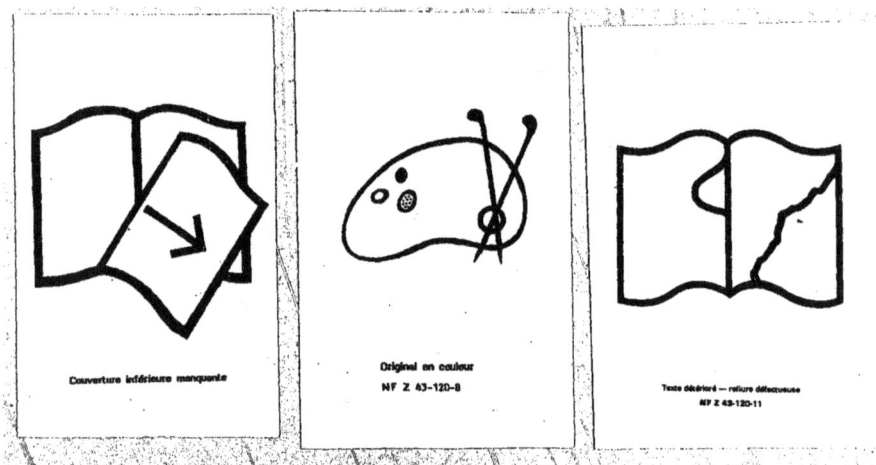

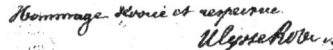

MONOGRAPHIE

DU

PRIEURÉ DE VAUCLUSE

ORDRE DE SAINT BENOÎT

(IXe-XIXe SIÈCLES)

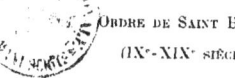

PAR

Ulysse ROBERT.

Inspecteur général des bibliothèques et archives,
Membre de la Société nationale des Antiquaires de France, etc.

Extrait des *Mémoires de la Société d'Émulation de Montbéliard*.

MONTBÉLIARD
IMPRIMERIE ET LITHOGRAPHIE VICTOR BARBIER

1888

VAUCLUSE

MONOGRAPHIE

DU

PRIEURÉ DE VAUCLUSE

(Ordre de Saint Benoît)

IXᵉ-XIXᵉ siècles.

Les documents relatifs à Vaucluse sont rares. Les archives de ce prieuré ont été détruites ou dispersées; il n'en reste plus, dans les bibliothèques et autres dépôts publics, qu'un petit nombre d'actes. Il serait difficile, pour ne pas dire impossible, de reconstituer l'histoire de Vaucluse, si un laborieux bénédictin de Château-sur-Salins, dom Constance Chassignet, n'avait pris soin de recueillir et de mettre en ordre les documents qu'il avait pu se procurer sur ce monastère. Son travail fut achevé en 1709. Il en existe plusieurs copies; une est conservée à la Bibliothèque nationale, sous le n° 18,750 des manuscrits du fonds français (1); une est aux Archives nationales sous la cote Q 417; une troisième est à la bibliothèque de Salins, ms. n° 218; enfin une autre appartient à M. Droz des Villars, de Besançon.

(1) Les citations sont faites d'après cette copie.

La notice de dom Chassignet n'est pas aussi complète et toujours aussi exacte qu'il serait permis de le désirer, mais, telle qu'elle est, elle nous donne les noms d'un certain nombre de prieurs de Vaucluse et nous fait connaître quelques-uns des évènements qui s'y sont passés. Le P. André de Saint-Nicolas, carme déchaussé, s'est aussi occupé de Vaucluse; il en a rédigé une courte notice en latin qui est conservée aux archives du Doubs, à Besançon. J'en tiens une copie de mon savant confrère et ami, M. Jules Gauthier, l'archiviste du département. Les notices de dom Chassignet et du P. André serviront de base à mon travail; je les compléterai et parfois les corrigerai à l'aide des notes que j'ai, depuis vingt ans, recueillies un peu partout, mais principalement dans les actes des chapitres généraux et les procès-verbaux de visites des maisons de l'ordre de Cluny.

I. Origines de Vaucluse.

Le village de Vaucluse, qui s'est élevé autour des bâtiments de l'ancien prieuré, est situé à l'extrémité d'un vallon ou, pour parler plus justement, d'un plateau qui domine la rivière du Dessoubre. Il doit à sa position topographique les noms de *Vallis clusa, Vallis clausa, Valclusa, Valcluse, Vaucluse,* etc., qu'il a portés. Il dépend maintenant de la paroisse de Cour-Saint-Maurice.

Quand et par qui fut fondé Vaucluse ? Aucun acte ne nous l'apprend. Peut-être Vaucluse fut-il, dans le principe, comme Lure, Cusance, etc. une colonie de Luxeuil, qui remonterait, ainsi que le pense

M. Ed. Clerc (1), à la dernière période des temps mérovingiens ; peut-être faudrait-il, avec le P. André (2), admettre que Vaucluse fut d'abord un couvent de clercs réguliers et reculer son origine un peu après 813 et 816, à la suite des règlements établis pour réformer le genre de vie des clercs. Ce qu'il y a de certain, c'est que Vaucluse devait, déjà au IXe siècle, avoir quelque importance, puisque, le 8 août 870, il fut assigné en partage à Louis le Germanique, en même temps que d'autres villes et monastères considérables (3).

Depuis 870 jusqu'en 1096, on ne trouve la mention de Vaucluse dans aucun acte. En cette année, Urbain II, envoyant le pallium à Hugues III, archevêque de Besançon, confirma à ce prélat la posses-

(1) *Essai sur l'histoire de Franche-Comté*, t. I, p.155, aux notes.

(2) ...Cum enim annò 813, Carolus magnus synodum episcoporum totius imperii coegisset in civitatem Aquisgranensem, in qua plurima sancita sunt ad reformationem cleri, imprimis statutum fuerat ut omnes clerici convenirent sub abbate vel preposito in claustris, dormitoriis et aliis officinis communibus, ibique secundum dispositionem praelati sui ex communibus ecclesiae suae fructibus vitam acciperent ; consequenter ad istam legem quae in simili Aquisgranensi synodo ad annum 816 habita, sub Ludovico pio imperatore, Caroli magni filio, confirmata et latius exposita fuit, clerici per regnum et imperium constituti in quaedam loca convenerunt, et varia constituerunt monasteria, qualia fuerunt in Sequanis Vallis clusa, monasterium de Alta petra, et alia, etc. (*Réponse aux chanoines de Vesoul*, dans le livre V de l'*Histoire ecclésiastique de Franche-Comté*; archives de la Haute-Saône, chapitre de Calmoutier, G. 42).

(3) ... Et haec est portio quam sibi Hludovicus accepit : Coloniam, Treviris..., Altam petram, Lustenam, Vallem Clusae, etc. (*Recueil des historiens des Gaules et de la France*, t. VII, p. 184).

sion de certaines églises et de plusieurs abbayes, parmi lesquelles Vaucluse est énuméré. La bulle de confirmation est du 27 juin (1).

En 1098, le 3 janvier, eut lieu la consécration de l'église de Vaucluse, avec une solennité qui est encore une preuve de l'importance de ce monastère. Hugues III, archevêque de Besançon, assisté de Ponce, évêque de Belley, procéda à cette consécration, en présence d'Étienne, comte de Bourgogne, après avoir reçu l'église d'Amédée, de Guelfe et de Burchard, frères, et d'Humbert et Thiébaud, ou plutôt Thierry, comtes de Montbéliard. Il l'unit ensuite à l'église Saint-Jean de Besançon (2). Mais cette union ne devait pas être de longue durée, car Vaucluse retomba en la possession de seigneurs séculiers, qui le conservèrent jusqu'en 1107. Ces seigneurs étaient-ils, comme semble le penser dom Chassignet, des chevaliers portant le nom de Vaucluse (3) ? Il s'agirait plutôt de Thiébaud de Rougemont, ainsi qu'il résulte d'un passage des *Annales*

---

(1) Urbanus episcopus, etc... In his autem quae extra urbem sunt sitae, videlicet Balmensi, Castri Carnonis, Laonensi, Alte petrensi, Cusatensi, Valle clusensi, etc. (Bibliothèque nationale, collection Moreau, 862, fol. 48; — Dunod, *Histoire du comté de Bourgogne*, t. II, p. 585; — Trouillat, *Monuments de l'histoire de l'ancien évêché de Bâle*, t. I, p. 211, etc.)

(2) Hugo III, indictione VI (qui répond à l'année 1098), 3ᵉ nonas januarii, consecrat Vallem clusensem ecclesiam eamque addicit S. Johanni Bisuntino receptam de manibus Amedei et Guelphonis et Borchardi, fratrum trium, itemque Humberti et Theobaldi, comitum de Monte Beligardae, praesente comite Burgundiae Stephano, Pontio, Bellicensi episcopo. Jam iverant Jerosolymam Amedeus, Guelpho et Humbertus (Bibliothèque nationale, collection Baluze, 142, fol. 128 v°).

(3) Milites Vallis clusae, fol. 102.

ordinis S. Benedicti (1), et surtout de l'analyse d'une charte donnée par le P. André (2). Ces seigneurs, quels qu'ils soient, et Hugues, prieur de Morteau, s'unirent pour demander à Ponce, archevêque de Besançon, de céder Vaucluse à l'ordre de Cluny. Cette donation eut lieu en 1107 (3); elle fut confirmée aussitôt après par le pape Pascal II, le 8 février 1107 (4), puis par Thiébaud de Rougemont. C'est sans doute depuis ce temps que Vaucluse devint prieuré, comme tous les autres établissements religieux dépendants de Cluny, car, dès l'an 1100, l'abbé de Cluny avait obtenu le droit de faire régir les maisons de son ordre par des prieurs.

La bulle de Pascal II, qui confirme Vaucluse à Cluny, est datée de Saint-Hippolyte. Dom Chassignet et Dunod (5) pensent qu'il s'agit de Saint-Hippolyte-sur-le-Doubs. C'est une erreur. En effet, en dressant un itinéraire de Pascal II en Bourgogne, d'après la série de ses bulles, on verra qu'il était à

---

(1) T. V, p. 511.

(2) ...Theobaldus enim iste [de Rubeo monte] inter manus ejusdem Hugonis, prioris de Mortua aqua, Hugoni Cluniacensi, laudantibus quamplurimis nobilibus, casatis et aliis, immo et clericis universis ejusdem ecclesiae Vallis clusensis, concedit regendam in perpetuum hoc anno 1107, feria secunda dominicae Resurrectionis. — Le P. André pense que ce Thiébaud aurait été abbé de Vaucluse; d'abord, il ne semble pas que Vaucluse ait jamais été une abbaye; ensuite, comme on le verra un peu plus loin, il paraît que les sires de Rougemont auraient exercé une véritable suzeraineté sur Vaucluse.

(3) Voir aux *Pièces justificatives*, n° I.

(4) Paschalis episcopus, etc... In Bisuntino episcopatu monasterium Vallis clusae, quod profecto Romani juris per Pontium episcopum nostro vobis favore concessum est, etc. (*Bibliotheca Cluniacensis*, col. 538; — *Bullarium Romanum*, t. II, p. 136).

(5) Fol. 108. — *Histoire de l'Église de Besançon*, t. II, p. 155.

Chalon-sur-Saône, le 2 février 1107; à Cluny, le 4; à Saint-Hippolyte, le 8, et à Beaune, le 12. Il est donc évident qu'il s'agit ici de Saint-Hippolyte, département de Saône-et-Loire, commune de Bonnay, où il y avait alors une abbaye.

Le 7 décembre 1114, Pascal II confirma de nouveau la donation de Vaucluse à l'abbé de Cluny (1). Enfin Pierre le Vénérable, qui succéda à Ponce, obtint du pape Honorius II une bulle confirmant les possessions de Cluny. Cette bulle est datée du 2 avril 1124. Vaucluse y est désigné sous le nom de *Valclusa* (2).

Le premier, et probablement le seul cartulaire de Vaucluse (3) fut dressé, vers le milieu du XIIe siècle, par un religieux qui se nomme lui-même « frater Hugo qualiscumque monachus. » D'après les actes insérés dans ce cartulaire, on voit que le prieuré de Vaucluse était sous l'invocation des apôtres saint Pierre et saint Paul. Souvent, dit dom Chassignet, on trouve dans les donations cette simple mention: *Dederunt Beato Petro Valle cluse* (4).

II. Vaucluse sous les prieurs réguliers.

Les noms des premiers prieurs de Vaucluse ne sont guère connus. La *Gallia christiana* n'en fait pas mention dans la courte notice consacrée à ce

---

(1) ... In episcopatu Bisuntino monasterium de Alta petra et monasterium de Valle clusa... (*Bibliotheca Cluniacensis*, col. 571).

(2) *Bibliotheca Cluniacensis*, col. 1377, *Bullarium Romanum*, t. II, p. 195.

(3) Ce cartulaire est malheureusement perdu.

(4) Fol. 104.

prieuré ; Dunod, dans son *Histoire du diocèse de Besançon*, ne donne que la liste des prieurs commendataires; dom Chassignet et le P. André seuls en avaient cité quelques-uns remontant au XII° siècle. J'ai pu compléter assez sensiblement leurs listes.

Le premier prieur dont nous trouvons le nom, est Gui, mentionné par dom Chassignet, d'après le moine Hugues. Il était prieur en 1134. En 1136, il figure dans un acte par lequel Humbert, archevêque de Besançon, et Adalbéron, évêque de Bâle, confirment la fondation de l'abbaye de Lucelle. Gui et trois religieux de Vaucluse, Richard, Girard et Regnier, et d'autres prêtres et religieux accordent à Lucelle le tiers de la dîme de Liebvillers, moyennant une rente de 18 livres bâloises, payables à la saint Pierre et saint Paul (1). Vers cette époque, il fit avec Thiébaud, abbé du Lieu-Croissant, l'échange du petit « Vagenans » contre une autre terre sise à «Meline», au lieu dit«Scupta»(2). Négocié par Thiébaud de Rougemont et accepté par les moines de Vaucluse, cet échange fut ratifié peu après par l'abbé du Lieu-Croissant à Vaucluse même (3). Gui est encore mentionné dans une donation faite au prieuré de Vaucluse par un chevalier, nommé Pierre de Vy, qui s'y était fait religieux. L'acte se termine par ces mots : « Lucio papa existente, Humberto archiepis-

---

(1) ... Item Wido, prior de Valle clusa, consilio et assensu fratrum Ricardi, Gerardi, Regnerii aliorumque omnium cum casatis, Carbone clerico, Pontio presbytero, Mainardo, Conone et multis aliis, terciam partem totius decime de Libunvilar, pro decem et octo nummis Basiliensibus in passione sanctorum Petri et Pauli annuatim reddendis nobis praestitit (Trouillat, *Monuments*, t. I, p. 266).

(2) Impossible d'identifier ces noms de lieux.

(3) Voir aux *Pièces justificatives*, n° II.

copo, Widone priore, Conrado imperatore, » qui lui donnent une date approximative, 1144 ou le commencement de 1145, puisque Lucius II, élevé au souverain pontificat le 9 mars 1144, mourut le 5 février suivant (1). En 1144, le même Gui acquit des seigneurs de Vaucluse toute la terre d'Arviler (2).

Le nom de Vaucluse est mentionné dans un acte de 1150, par lequel Ortlieb, évêque de Bâle, accorde à Humbert, prévôt de Romain-Moutier, tous droits sur ceux de ses serfs et serves qui étaient à Vaucluse et au-delà (3).

RICHARD, sans doute le même qui est nommé dans l'acte de 1136 et dans l'échange avec l'abbé du Lieu-Croissant, succéda à Gui dans les fonctions de prieur. Son nom apparaît dans un document de l'an 1153, relatif à un procès que Thiébaud de Rougemont aurait intenté à l'église de Vaucluse et qui se serait terminé à la satisfaction des religieux. Il y avait alors six moines, avec le prieur Richard (4).

Le troisième prieur connu est ULRIC ou ORRY. On n'a sur lui aucun renseignement. Il n'a dû être

---

(1) Voir aux *Pièces justificatives*, n° III.

(2) ... Ecclesia de Valle clusa adquisivit omnem terram Arviler a militibus Vallis clusæ (Dom Chassignet, fol. 105, d'après le cartulaire du moine Hugues).

(3) ... Similiter in archiepiscopatu Bisonticensi servos nostros et ancillas nostras habitantes a Valle clusa et ultra ecclesiae vestrae concedimus et progeniem eorum, quandiu apud vos fuerint, vobis et vestris successoribus confirmamus (Trouillat, *Monuments*, t. I, p. 215).

(4) ... Eodem tempore, Theobaldus de Rubeo monte movit calumpniam contra ecclesiam... Hoc autem factum est apud Vallem clusam in capitulo, anno 1153 ab incarnatione Domini, tempore Ricardi prioris (Dom Chassignet, fol. 105).

prieur que depuis 1154 ou 1155 jusqu'en 1157, époque à laquelle nous en trouvons un autre, qui est désigné sous le nom de « magister Guido » et le seul qualifié « magister ». Serait-il le même que le prieur Gui dénommé plus haut ?

C'est probablement vers cette date que mourut le moine Hugues; il ne paraît pas que le cartulaire de Vaucluse ait été continué après lui. Aussi ne sait-on presque rien sur Vaucluse pendant une période d'environ cent ans.

Le 13 janvier 1205, le pape Innocent III confirma à Hugues, abbé de Cluny, la donation de toutes les églises et de tous les monastères concédés à ses prédécesseurs. Vaucluse est du nombre (1). Cette donation fut de nouveau confirmée en 1272 par le pape Grégoire X et en 1278 par Nicolas III (2).

Jean Ier de la Roche, qui fut inhumé à Vaucluse, ainsi que son fils Hugues et ses descendants, qui y eurent leur sépulture jusqu'au XIVe siècle, fut gardien du prieuré. Dans des chartes de Vaucluse, de 1216, au témoignage de M. l'abbé Richard (3), il est mentionné comme un des bienfaiteurs du monastère. Les terres de la Lizerne, près Maîche, furent concédées à Vaucluse par les seigneurs de la Roche et Jean Ier, en y fondant son anniversaire, abandonna aux religieux sa dîme sur les prés d'Orgeans et d'autres revenus à Montandon et à Soulce (4).

De 1259 jusqu'au milieu du XVe siècle, nous avons une série de procès-verbaux de visites de Vaucluse

---

(1) *Innocentii III pp. regestorum lib. VII*, éd. Migne, II, col. 498.
(2) Dom Chassignet, fol. 105.
(3) *Monographie de Saint-Hippolyte-sur-le-Doubs*, p. 6.
(4) Richard, *Monographie du bourg et de la terre de Maîche*, p. 10.

et de mentions d'actes des chapitres généraux de Cluny, relatives à ce prieuré. Les premiers sont loin d'être complets, mais les derniers permettent de combler en grande partie la lacune; l'ensemble de ces documents est très important, parce qu'ils nous font connaître l'état matériel et l'état moral du monastère (1).

Au chapitre général de 1259, il est décidé que le prieur de Vaucluse mérite d'être réprimandé et signalé au chapitre pour avoir, depuis plus de trois ans, laissé s'accroître les dettes de son monastère (2). En 1264, il est désigné, avec le prieur de Vaux, pour visiter les maisons des provinces de Trèves et de Besançon (3), et pour occuper le prieuré de Chaux-les-Clerval, au lieu de Lambert de Gonsans, écarté pour cause de désobéissance (4).

Le procès-verbal des visiteurs, du 17 avril 1267, constate qu'il y avait alors à Vaucluse six religieux,

---

(1) Les procès-verbaux de visites sont conservés à la Bibliothèque nationale, collection de Bourgogne, 82, et Nouv. acq. lat. 2370 et 2371, et aux Archives nationales, LL 1399. Ils sont publiés dans mon *État des monastères franc-comtois de l'ordre de Cluny, d'après les actes de visites et des chapitres généraux*, paru dans les *Mémoires de la Société d'émulation du Jura*, 1882, et tiré à part. C'est au tirage à part que se rapporteront les renvois. — Les actes des chapitres de l'ordre de Cluny sont conservés à la bibliothèque de la Chambre des députés, sous la cote B" 89. Les volumes n'étant pas foliotés, je ne puis renvoyer qu'au tome et à l'année.

(2) Prior de Valle clusa arguatur et proclametur in capitulo de augmentatione debitorum facta in ecclesia sua a triennio et citra (B" 89, t. VIII, 1259).

(3) *Ibid.*

(4) Item diffinimus quod prior de Valle clusa teneat prioratum de Chaut tanquam commendatum propter inobedientiam domni Lamberti de Goncens, nisi alia de causa dicto prioratui aliud fuerit ordinatum (B" 89, t. VIII, 1264).

avec l'abbé de Baume et le prieur, et que tout, dans l'ordre spirituel et l'ordre temporel, était satisfaisant, mais que la maison était endettée (1). Lors de la visite de 1269, il y avait cinq religieux, avec le prieur; rien de contraire à la discipline et à une bonne administration n'y était signalé. Le chiffre des dettes s'élevait alors à 180 livres viennoises (2); en 1270, il était de 220 livres (3). Cette année-là, le prieur de Vaucluse se nommait RENAUD. Le 29 août, « jour de feste S. Jean decolacé, » il signe comme témoin la ratification de la vente de Flangebouche faite par Jehannin de Cusance à Amé de Montbéliard, seigneur de Montfaucon (4). L'année suivante, le même Renaud, à la requête de Guillaume, comte de la Roche, appose son sceau à un acte d'hommage à Amé de Montbéliard pour les terres de Châtillon et de Neuchâtel (5). Il parvint à réduire le chiffre des dettes, qui n'étaient plus, en 1272, que de 120 livres viennoises (6). Le chapitre général le désigna, cette année-là, avec le prieur de Dannemarie, pour visiter les maisons des provinces d'Allemagne et de Lorraine (7); bientôt après, il mérita d'être élu à l'una-

---

(1) *Etat*, p. 13.
(2) *Etat*, p. 14.
(3) *Etat*, p. 16.
(4) Bibliothèque nationale, collection Moreau, 891, Archives de la maison de Chalon, t. III, fol. 127.
(5) ... En tesmoignaige de ces choses, je ai seellé ces presentes lettres de mon seel et ai proié Renant, le humble priour de Moustier Valcluse que il meist son seel en ces lectres avec le mieu. Et je, li diz priours, ai mis mon seel en ces lectres à la requeste doudit comte de la Roiche, qui furent faites et donées l'an de graice mil CC et sexante dix ans, ou mois de mars, le diemeinge devant la mi karoisme (*Ibid.*, fol. 128).
(6) *Etat*, p. 17.
(7) B" 89, t. VIII, 1272.

nimité abbé de Baume. Les religieux de ce monastère députèrent à Yves, abbé de Cluny, Jacques, leur prieur, et Girard, prieur de Saint-Lauthein, pour l'informer de cette élection et lui demander de la confirmer. La lettre des moines de Baume est du 18 avril 1274 (1).

En 1276, il y avait à Vaucluse quatre religieux (2); en 1277, cinq, et le prieuré devait 300 livres estevenantes (3). Dans le dénombrement des fiefs du comté de Bourgogne fait en 1290, sur l'ordre du comte palatin Othon, Vaucluse est inscrit pour 400 livrées de terre (4). Il figure pour la même quantité dans un autre dénombrement qui semble postérieur à celui de 1290 (5). Dans un pouillé du diocèse de Besançon, du XIV° siècle, il est taxé à raison de 100 livres (6).

En 1290, le prieur de Vaucluse est désigné pour visiter, avec celui de Port-sur-Saône, les maisons de la province d'Allemagne (7).

Le procès-verbal de la visite faite, le 15 février 1290, par les prieurs de Romain-Moutier et de Haute-Pierre fournit quelques particularités intéressantes. Les religieux étaient à Vaucluse au nombre de quatre, non compris le prieur. Le service divin s'y faisait bien; l'hospitalité y était pratiquée et des

---

(1) Voir aux *Pièces justificatives*, n° IV.
(2) *Etat*, p. 19.
(3) *Etat*, p. 21.
(4) Gollut, *Mémoires des Bourgougnons*, p. 449.
(5) Item li priorez de Valcluse tient bien IIII° libvres de terre. (Bibliothèque nationale, collection Moreau, 879, Fiefs et inventaires de la Chambre des comptes, fol. 19 v°.)
(6) Bibliothèque nationale, ms. latin 10081, fol. 112 v°.
(7) B" 89, t. VIII, 1290.

aumônes y étaient distribuées. Le bâtiment, qui avait été détruit par un incendie, était réparé par les soins du prieur. Les dettes s'élevaient à la somme de 240 livres estevenantes. Un religieux, frère Nicolas « de Gaya », pendant un séjour à Vaucluse, avait fait un mariage à Chamesey, et béni les époux ; ce qui avait causé un grand scandale. Le même procès-verbal nous apprend que le sire de Belvoir avait donné au prieuré de Vaucluse tous les revenus et la justice qu'il possédait à Battenans, sauf les droits de garde et ceux qu'il pouvait avoir dans les bois et sur la rivière du Dessoubre, etc.; que le prieur en prit possession du vivant du donateur, qui lui avait en outre assigné 100 livres sur le four de Bretonvillers et sur le moulin de « Menans (1). »

Les définiteurs du chapitre général de 1293, vu l'état des dettes de Vaucluse, enjoignent au prieur de les amortir chaque année, de rendre ses comptes aux visiteurs, de sauvegarder les droits de son monastère et de s'occuper avec plus de soin des réparations des bâtiments conventuels (2). Mais la situation ne fit que s'aggraver, car, en 1297, elle était telle qu'il n'était même pas permis d'espérer que le prieur actuel pût libérer le prieuré de ses dettes. Les définiteurs demandèrent donc au chapitre général que l'abbé y pourvût selon qu'il le jugerait convenable, mais ils imploraient son indulgence pour le prieur qui n'était pas coupable, puisque les dettes n'avaient pas été contractées par lui (3). Ce

(1) *Etat*, p. 23.
(2) *Etat*, p. 25-26.
(3) ... Quia prioratus de Valle clusa est adeo debitis obligatus, quod tamen debitum prior qui nunc est non contraxit, nec speratur

prieur n'est pas nommé; est-ce celui, du nom de JACQUES, qui, en 1298, signe, comme témoin, la charte de franchises accordée par Jean, comte de la Roche, aux habitants de Saint-Hippolyte ? (1).

quod per dictum priorem dicta domus a debitis valeat relevari, ordinant diffinitores quod domnus abbas de dicta domo ordinet secundum quod viderit faciendum, misericorditer tamen se habeat domnus abbas erga dictum priorem, quia de malo statu domus et de praedictis debitis inculpabilis reperitur (B " 89, t. VIII, 1297).

(1) ... En tesmoignaige de laquel chose, nos officialx dessus diz et à la requeste et à la prière desdictes parties faictes à nostre comandement, havons mis le seel de ladicte corte [de Besançon] en celx presentes lettres, ensemble le seelx à diz Jehan [de la Roche] et les seex monseignour Willame, seignour de Montjoye, chevalier, et monseignour Jaquon, priour de Valcluse. Et nos li devant diz Jehanz, damoiseax, qui confessons les choses dessus dictes estre veraies en tant com il nos pertient, havons mis nostre seel pendant en ces presentes lettres en tesmoignaige de verité, ensemble les seex de ladicte cort, doudit chevaliers et doudit priour. Et nos li devant dit Villames, chevaliers, et Jaques, priour, en la cui presence lesdictes parties hont confessé toutes les choses dessus dictes estre veraies por y tant com il apertient à chescune, havons mis nos seex à la prière et à la requeste desdictes parties, ensemble les seex de ladicte cort et doudit Jehan en tesmoignaige de verité en ces presentes lettres, faites et données le jour dou sambadi en la vigile saint Mathey apostre, l'an de la incarnation Nostre Seignour mil dous cenz nonante dix huit (*sic*), ou mois de septembre (Bibliothèque nationale, collection Moreau, 888, Archives et franchises de communes, fol. 509-510).

Je Richard de la Roche, fils çai en arriers de monseigneur Jean, jadis conte de la Roche et seigneur de Chastillon, fait sçavoir à tous que comme ledit messire mon très cher père, dont Dieu aye l'ame, aye accensi et affranchi les hommes de Saint-Hipolyte et leurs succedans, ainsin qu'il est contenu dans une lettre que lesdits hommes en ont dudit monseigneur Jean, seelés d'un seel de la cour de Besançon, d'un seey dudit seigneur Jean, d'un seez monseigneur Willaume, seigneur de Montjoye, chevalier, d'un seez monseigneur Jaques, prieur de Vaucluse, etc. (*Ibid.*, fol. 514 v°.)

Je Frerix juenes, cuens de Fribourc, sire de Romont et de Saint-

Le procès-verbal de la visite faite, le 23 mars 1300, par les prieurs de Vaux-sur-Poligny et de Colombier nous apprend, entre autres choses, que l'église était mal couverte et que le monastère devait 400 livres tournois (1).

Au chapitre général de 1300, un des moines, nommé Pierre de Verges (*de Vergeiis*), est signalé pour sa mauvaise conduite. Il est accusé d'un péché ignominieux et d'autres crimes infinis. Aussi les définiteurs demandent-ils qu'il soit pris, envoyé à Cluny sous bonne garde et condamné à la prison perpétuelle (2).

Avec le relâchement de la discipline qui paraît commencer, s'accroît la décadence matérielle. L'église, est-il dit au chapitre général de 1303, menace ruine à un tel point que les moines n'osent plus y célébrer les offices. Les dettes ne faisaient qu'augmenter; il avait fallu mettre en gage à Besançon une Bible en deux volumes pour une somme de cinquante livres (3). L'année suivante, les visiteurs

---

Hypolite, fait sçavoir à tous que je es bourgois de Saint-Hypolite leurs franchises et toutes les choses contenues es lettres qu'ils hont de leurs franchises seelez des seels de la court de Besançon de noble homme monseigneur Jehan de la Roche, seigneur de Chastoillon, çai en arrière monseigneur Vuillaume, jadis seigneur de Montjoye, et monseigneur Jacques, priour de Vaucluse, etc. (*Ibid.*, fol. 519 v°). — Ces deux dernières chartes sont, l'une de 1317, l'autre de 1334.

(1) B" 89, t. III, 1300.

(2) ...Quia in domo Valle clusa est quidam monachus, nomine Petrus de Vergeiis, fugitivus, de peccato ignominioso ac aliis infinitis criminibus diffamatus, diffiniunt diffinitores quod camerarius Alemaniae et cœteri priores ipsum capiant et cum secura custodia apud Cluniacum mittant, perpetuo carceri pro meritis retrudendum (B" 89, t. VIII, 1301).

(3) ...Item et in quadringentis libris debitis obligata, absque eo quod Biblia in duobus voluminibus apud Bisuntium pro quinquaginta libris in pignore detinetur (B" 89, t. VIII, 1303).

trouvent quatre religieux, avec le prieur; non-seulement l'église, mais les bâtiments tombent en ruines. Un des moines, nommé Hugues, s'était fait religieux et avait reçu les ordres étant excommunié. Le prédécesseur du prieur actuel avait, en quelques mois, endetté le monastère de 265 livres; renvoyé de Vaucluse, il avait reçu et vendu, pour une somme estimée à 260 livres 2 sous, du blé dû au prieuré. Le prieur, en ce moment en fonctions, avait trouvé le monastère endetté de 1180 livres tournois, sur lesquelles il avait payé 318 livres et 3 sous. Il est reconnu justement que, malgré ces charges, l'hospitalité y était donnée et l'aumône faite assez convenablement (1). Pour remédier à un pareil état de choses, les définiteurs du chapitre général enjoignirent au prieur de Vaucluse de faire tous ses efforts pour payer le reste des dettes et pour réparer l'église et les bâtiments. Quant au moine Hugues, il fut invité à se présenter à l'abbé de Cluny pour être jugé (2).

Est-il le même que le moine Hugues de Vauclusotte, qui fut la victime des brutalités du curé de Vaucluse, dans les circonstances suivantes, qui sont rapportées tout au long dans les actes du chapitre général de 1305, mais dont les causes ne sont pas connues? Le curé de Vaucluse avait, une première fois, frappé le frère Hugues avec un pot d'étain et lui avait fait à la tête cinq blessures graves. Bientôt après, accompagné de nombreux complices, il pénétra armé, à l'heure de matines, au dortoir du monastère, et arrivant jusqu'au lit du frère Hugues, il lui tomba dessus avec la dernière violence. Le malheureux

(1) *Etat*, p. 34.
(2) *Ibid.*, p. 35.

moine fut littéralement criblé de blessures; il eut les jambes labourées, la tête percée de coups d'épée et le côté traversé par une lance. Les définiteurs du chapitre général trouvèrent non sans raison que le curé de Vaucluse avait été trop loin et que, outre la question d'humanité, il y avait lieu de venger l'injure faite à l'ordre en la personne de la victime. Ils proposèrent donc de faire déférer le cas à l'archevêque de Besançon, de demander à ce prélat de suspendre l'irascible curé de Vaucluse, de faire une enquête sur sa conduite et de lui infliger une punition en rapport avec ses crimes. Comme, d'un autre côté, le curé tenait sa cure du prieuré, il conviendrait de lui supprimer tous revenus de son bénéfice, jusqu'à décision de l'abbé de Cluny (1).

(1) Quia in prioratu de Valle clusa curatus ejusdem loci quemdam monachum mansionarium dicti loci, vocatum Hugonem de Vauclusete, graviter cum poto staneo percussit quinquies in capite et etiam vulneravit, postmodum vero addendo pejora malis praecedentibus, idem curatus, de nocte, hora matutinarum, insidians eidem monacho, armatus, cum suis multis complicibus intrans in dormitorium et inveniens in lecto eumdem monachum inhumaniter verberavit, diversa eidem intulit gravia vulnera, crura ejus ensibus et latus cum lancea, necnon et caput cum gladiis perforando, diffiniunt diffinitores quod si curatus est in administratione vel servitio R^u in Christo patris domini archiepiscopi Bisuntini, cum idem curatus tempore maleficiorum commissorum administrationem dicti domini archiepiscopi in dicto loco gereret, scribat dominus abbas affectuose praefato domino archiepiscopo et ejus vices gerenti quod dictum curatum ab ejus administratione et servitio propter tantam offensam et injuriam ordinis, si placet, ob reverentiam Dei et ipsius ordinis, amoveat et repellat, contra vero dictum curatum super praefatis excessibus et sceleribus tanquam superiores et ordinarii inquirant diligentius veritatem, qua reperta eumdem curatum pro qualitate tantorum scelerum graviter puniant et condemnent. Quia vero curatus curam ecclesiae de Valle clusa et praebendam ab ordine pro beneficio recipit, licet pro tanta ingratitudine posset ab eo omnino beneficium revocari, volentes

Le même chapitre général fut saisi d'un autre cas tout différent, mais qui n'en avait pas moins une gravité particulière. Un prieur de Vaucluse, nommé Jacques de Mièges, peut-être le même que celui qui apparaît dans un acte de 1298, avait résigné ses fonctions à Vaucluse, pour celles de prieur de Pontarlier, sous la juridiction de l'abbé de Baume. Il ne quittait pas Vaucluse les mains vides, car il emmenait avec lui huit bœufs de labour, une vache, un bouvillon, deux chevaux d'attelage et deux poulains. Sommé d'expliquer sa conduite, Jacques prétendait avoir agi avec la permission de l'abbé de Baume. Les définiteurs étaient d'avis qu'il y avait lieu d'en appeler au témoignage de l'abbé et, si réellement il avait autorisé le transfert de Vaucluse à Pontarlier dudit bétail, de l'y laisser; sinon, de le ramener à Vaucluse. La situation continuait à être de moins en moins brillante; 958 livres tournois de dettes, des bâtiments en ruines; voilà à quoi elle se réduisait. Aussi, sans doute en vertu d'un accord entre l'abbé de Cluny et l'archevêque de Besançon, celui-ci dut-il prendre Vaucluse à sa charge, essayer d'y rétablir l'ordre, de diminuer les dettes et de conjurer la ruine qui continuait à menacer église et bâtiments (1). La tentative ne paraît

---

tamen cum mansuetudine et mature procedere, diffiniunt diffinitores quod dominus abbas tenenti domum de Valle clusa vel alii cui viderit expedire, praecipiat quod praebendam quam dictus curatus et alia bona seu beneficia a domo de Valle clusa recipit, retineat, nec eidem curato de proventibus dictae praebendae vel curae in aliquo respondeat, donec aliud ab eodem domino abbate receperit in mandatis (B" 89, t. VIII, 1305).

(1) ...Item quia dominus Jacobus, dictus de Meges, quondam prior de Valle clusa, factus est prior postmodum Pontisaliae sub abbate Balmensi, resignato titulo Vallis clusae, idem dominus Ja-

pas avoir été heureuse, car, aux chapitres généraux de 1306 et de 1310, les définiteurs constatent que les moines, qui ne sont pas en nombre ordinaire, manquent du nécessaire, que les droits du prieuré ne sont pas bien défendus, et que, pour tout dire en un mot, il y a beaucoup d'irrégularités. Ils invitent l'abbé de Cluny à écrire à l'archevêque de mettre un terme à cet état de choses (1).

En 1312, nous trouvons simultanément deux prieurs de Vaucluse, l'un nommé JEAN; l'autre, JACQUES DE DOMPREL. Le premier est sans doute celui qui avait été pris et détenu pendant une guerre entre Jean de Chalon, sire d'Arlay, et les habitants de Besançon. Dans un acte du 3 décembre 1308, acte par lequel il reconnaît avoir reçu, à titre de restitution, une somme de 80 livres estevenantes, il renonce à toute action contre les citoyens de Besan-

cobus bona dicti prioratus de Valle clusa transtulit ad prioratum Pontisaliae, eumdem prioratum de dictis bonis non sine magno dispendio spoliando, scilicet octo boves aratores ad laborandum grannagia dicti loci et duo jumenta deputata ad vecturam cum uno juvenculo bove et una vacca et duobus pullinis dictorum jumentorum, dicens idem Jacobus et asserens quod dominus abbas dedit ei licentiam transferendi et secum portandi praedicta. Quia non constat diffinitoribus de dicta excusatione, diffiniunt diffinitores quod si idem dominus abbas praefatam licentiam dederit, praemissa juxta datam licentiam in suo statu permaneant, alioquin praecipiat idem dominus abbas abbati Balmensi, cui est subditus Jacobus, quod eum ad restituenda praemissa loco de Valle clusa compellat. Verum quia idem prioratus est in novies centum et quinquaginta tribus libris parvorum turonensium obligatus, et ruinam non modica ejusdem loci aedificia patiuntur, diffiniunt diffinitores quod dominus abbas in refectione aedificiorum et solutione debitorum per priorem dicti loci vel illum ad quem pertinet celeriter remedium apponi faciat opportunum (B" 89, t. VIII, 1306).

(1) B" 89, t. VIII, 1306 et 1310.

çon (1). Il ne résidait pas à Vaucluse; d'où, il était considéré comme inutile, même par ceux de son ordre (2). Peut-être avait-il jugé prudent de se soustraire ainsi aux nombreux créanciers qui, du vivant de l'archevêque Hugues, mort depuis peu, se taisaient, mais qui maintenant, « comme des loups ravisseurs, » *(quasi lupi rapaces)* commençaient à réclamer les sommes à eux dues, avec les intérêts. La présence de dom Jacques était donc nécessaire; nobles du pays, religieux, clercs, hommes taillables du prieuré, définiteurs étaient unanimes à le déclarer. Car, outre qu'il s'agissait de faire face à une situation pécuniaire embarrassée, il fallait préserver de la destruction complète ceux des bâtiments qui menaçaient ruine et reconstruire ou réparer ceux qui étaient en mauvais état. Les dettes reconnues s'élevaient à la somme de 400 livres tournois, mais un Lombard prétendait qu'il lui en était dû 800, depuis le temps où l'archevêque Hugues avait la charge du prieuré, qu'il en avait une reconnaissance de lui et des lettres de garantie du comte de la Roche. Il n'y avait plus alors à Vaucluse que deux religieux (3).

En 1315, les dettes avouées sont encore de 400 livres; le prieur est invité à apporter tous ses soins à les diminuer (4); mais, l'année suivante, on cons-

(1) Voir aux *Pièces justificatives*, n° V.
(2) Apud Vallem clusam sunt duo monachi et duo priores, quorum unus, Joannes nomine, non facit ibi residentiam, nec etiam utilis est in loco, ut fere omnes de terra testantur; alter vero, Jacobus nomine de Domno prato, facit ibidem residentiam, ...(B" 89, t. VIII, 1312).
(3) B" 89, t. VIII, 1312.
(4) B" 89, t. VIII, 1315.

tata qu'il avait dressé un état faux des dettes. Les définiteurs prescrivirent donc au chambrier de la province d'Allemagne de se rendre à Vaucluse, d'y faire une enquête sur la conduite du prieur, qui était tout aussi négligent en ce qui concernait les affaires spirituelles, de faire lui-même les réformes qu'il pourrait et, pour le reste, de s'en rapporter à l'abbé qui remédierait, comme il le jugerait à propos, à la situation (1).

Le prieuré de Vaucluse avait des hommes taillables et corvéables. Le prieur fut invité à les libérer de toute taille, moyennant certaines redevances qu'ils lui paieraient annuellement. Il y avait eu quelques pourparlers engagés entre le prieur et les intéressés, mais l'affaire n'avait pas eu de suite, ainsi que les définiteurs le déclarèrent au chapitre général de 1321 (2).

En 1322, le prieur mérite tous les éloges pour avoir su, par son habileté, rétablir l'ordre à Vaucluse et y avoir ramené la prospérité. Les dettes sont presque éteintes (3). Les définiteurs du chapitre général de 1323 engagent le prieur de Vaucluse à poursuivre son œuvre avec le soin qu'il y avait apporté jusque-là (4); et, l'année suivante, les visiteurs ont la satisfaction de constater qu'il avait pu racheter pour 260 livres tournois la garde, la juridiction et tous les droits que le seigneur de Belvoir possédait sur le prieuré de Vaucluse et les hommes qui en dépendaient. L'état du prieuré était aussi satisfaisant au spirituel qu'au tempo-

(1) B" 89, t. VIII, 1316.
(2) B" 89, t. IX, 1321.
(3) B" 89, t. IX, 1322.
(4) *Etat*, p. 40.

rel (1). On ne signale que l'insubordination d'un moine, Pierre de « Sanneo » (de Sancey ?), qui se montrait rebelle envers le prieur, et on demande son déplacement (2). De même, en 1331, une punition exemplaire est réclamée contre un religieux, Hugues de Nans, querelleur et qui avait été insolent envers le prieur. Le chiffre de la dette de Vaucluse est alors de 100 livres (3).

En 1335 et 1336, la situation est considérée comme bonne (4); en 1337, il manque un moine (5). La dette, qui, en 1342, est de 50 livres, descend à 40 l'année suivante. Les définiteurs expriment le désir que l'abbé de Cluny écrive à Thiébaud de Neufchâtel pour le prier d'abandonner à Vaucluse un droit de patronage évalué à 12 livres par an (6).

Fr. GUILLAUME DE COSSONAY était prieur de Vaucluse en 1352. C'est le premier dont parle le P. André. Il n'est connu que par la lettre qu'il écrivit pour s'excuser de ne pouvoir pas assister au chapitre général de Cluny, cette année-là. Il paraît avoir eu de bonnes raisons pour ne pas s'y rendre. On y constata d'abord qu'il manquait un religieux à Vaucluse, ce qui n'avait rien de grave; ce qui l'était davantage, c'est que l'hospitalité laissait à désirer et surtout que les intérêts du monastère étaient en péril, parce que le prieur n'y résidait pas. Il fut donc

---

(1) *Etat*, p. 42.

(2) Archives nationales, LL 1389, fol. 18-20.

(3) ... In dicta domo est quidam monachus, nomine Hugo de Nanz, domino priori et gentibus suis rixosus et plura verba contumeliosa et comminatoria cum priore habuit... (B" 89, t. IX, 1331).

(4) B" 89, t. IX, 1335; *Etat*, p. 49.

(5) B" 89, t. X, 1337.

(6) B" 89, t. X, 1343.

invité à retourner sans délai à Vaucluse, à y résider, à s'occuper des intérêts de sa maison et surtout à diminuer la dette de 100 florins d'or dont elle était grevée. Et comme les religieux n'avaient pas d'antiphonaire, il fut chargé de leur en procurer un ; de plus, il lui fut recommandé de veiller à ce que l'hospitalité fût donnée plus convenablement (1). Ces recommandations semblent avoir porté leur fruit, car, en 1357, le prieur reçoit des félicitations pour sa bonne administration au spirituel et au temporel (2); l'année suivante, il assistait comme définiteur au chapitre général (3). A ce chapitre, il fut prescrit qu'un religieux manquant fût remplacé. Le prieur n'osant pas y résider, parce qu'il craignait pour sa vie *(propter metum proprii corporis)*, il fut invité à y retourner, les motifs de crainte une fois disparus. Des dettes en grains et en argent contractées par ses devanciers, il ne restait plus à payer que 100 florins et 20 bichots de blé et il lui était recommandé de continuer à amortir ces dettes. Il fut félicité du soin qu'il avait apporté à réparer les anciens bâtiments et à en faire construire de neufs. L'antiphonaire déjà demandé en 1352, n'avait pas encore été fourni, ce qui était considéré comme un obstacle à la bonne célébration de l'office divin; il fut de nouveau requis de pourvoir à cette acquisition. En même temps, sa sollicitude fut appelée sur les vexations dont les gardiens du prieuré se rendaient coupables envers les hommes qui en dépendaient. Le prieur fut nommé visiteur de la province d'Allemagne pour l'année 1359 (4).

(1) B" 89, t. X, 1852.
(2) B" 89, t. X, 1357.
(8) B" 89, t. X, 1358.
4) B" 89, t. X, 1358.

Au chapitre général de 1359, il fut félicité pour le soin qu'il avait apporté à diminuer les dettes de sa maison, et comme ces dettes s'élevaient encore à la somme de 200 florins, il fut invité à les réduire le plus possible (1). En 1360, il assista comme définiteur au chapitre général (2).

Les définiteurs du chapitre général de 1361 renouvellent les recommandations accoutumées pour l'amortissement des dettes de Vaucluse et nomment le prieur visiteur de la province d'Allemagne pour l'année 1362. Il manquait alors deux religieux (3). Il en était encore de même en 1365, et l'on demandait que ces deux religieux et le prieur résidassent à Vaucluse, afin que le service divin fût assuré. La situation au spirituel et au temporel était d'ailleurs jugée satisfaisante (4). Mais, en dépit de ces injonctions, le nombre des moines était encore incomplet en 1366; le prieur étudiait à Bologne et, pendant ce temps-là, les gardiens de Vaucluse soumettaient sans raison le prieuré et les hommes qui en dépendaient à des vexations et à des servitudes, contre lesquelles le prieur ou son fondé de pouvoirs étaient invités à les protéger (5). L'absence du prieur se prolongeant encore, les biens de Vaucluse avaient été acensés; il en était résulté des inconvénients de toute sorte au spirituel et au temporel. Les religieux manquaient du nécessaire; les biens étaient mal administrés, les intérêts et les droits du prieuré mal défendus; l'église et les bâti-

---

(1) B" 89, t. X, 1359.
(2) B" 89, t. X, 1360.
(3) B" 89, t. X, 1361.
(4) B" 89, t. X, 1365.
(5) B" 89, t. X, 1366.

ments avaient besoin d'être recouverts, etc. En conséquence, le prieur, qui assistait comme définiteur au chapitre général de 1367, reçut l'ordre formel de résider à Vaucluse (1); ce qu'il fit. Aussi, une notable amélioration s'était produite et, dès l'année suivante, le prieur avait mérité d'être félicité par le chapitre général. En même temps, il fut désigné pour visiter, en 1369, la province d'Allemagne (2), et il assista, cette année-là, comme définiteur au chapitre général. Son administration lui mérita des éloges. Des difficultés étant survenues entre le prieuré d'une part et quelques nobles du voisinage d'autre part, ceux-ci, à l'instance de certains fondés de pouvoirs de l'abbé de Cluny et en vertu des privilèges accordés à l'ordre de Cluny, avaient été assignés à comparaître en justice et, bien qu'ils se fussent déclarés prêts à se présenter soit devant l'abbé, soit devant son chambrier d'Allemagne, ils n'en avaient pas moins été excommuniés, ce qui parut excessif au chapitre général. Aussi les définiteurs chargèrent-ils l'abbé de Baume d'appeler les prieurs de Vaucluse et de Viriville, de faire faire un complément d'enquête, en ayant soin d'éviter qu'il y eût même jusqu'à l'apparence d'abus des privilèges apostoliques; en tout cas, le prieur de Viriville ne devait en faire l'application que sur l'ordre formel de l'abbé de Cluny.

Le prieur de Vaucluse et le chambrier de la province d'Allemagne reçurent en même temps mandat de se livrer à une enquête sérieuse sur les actes et le genre de vie du prieur et de deux religieux de Froidefontaine et sur la situation de ce prieuré, et

(1) B" 89, t. X, 1367.
(2) B" 89, t. X, 1368.

d'agir conformément aux usages reçus dans l'ordre de Cluny et selon ce que leur dicterait leur conscience (1).

Vers 1370, nous trouvons comme prieur à Vaucluse Guillaume de « Dondano » (2). En 1371 et 1373, il assista, en qualité de définiteur, au chapitre général (3). Il fut invité par les définiteurs du chapitre de 1370 à s'occuper activement de la réparation et de la toiture des bâtiments. Le prieur claustral de Cluny fut requis d'envoyer à Vaucluse un religieux qui manquait (4). Guillaume mérita, l'année suivante, des éloges pour sa bonne administration ; mais les définiteurs l'engagèrent à lutter énergiquement contre un certain écuyer avec qui il était en litige (5). Il faut croire que le séjour de Vaucluse ne plaisait pas plus à ce prieur qu'à quelques-uns de ses prédécesseurs, car il acensa son prieuré et s'en alla. Le sacristain et un autre moine en firent autant, de sorte qu'en 1375, il ne restait plus que deux religieux qui n'avaient pas, paraît-il, à se louer de leur nouveau maître. Le prieuré étant acensé jusqu'au 15 août de cette année, les définiteurs du chapitre général prescrivirent au prieur de rentrer à Vaucluse, d'y résider, d'y faire revenir le sacristain et le moine absents, et d'assurer ainsi le service divin (6). En 1379, le nombre des religieux était encore réduit à deux, deux autres ayant été

---

(1) B" 89, t. XI, 1369.

(2) Archives nationales, LL 1337, fol. 130. — « De novo instituto. » B" 89, t. XI, 1370.

(3) B" 89, t. XI, 1371 et 1373.

(4) B" 89, t. XI, 1370.

(5) B" 89, t. XI, 1371.

(6) B" 89, t. XI, 1375.

envoyés par punition dans un autre couvent. Le prieur y faisait sa résidence ; le service divin et l'aumône se faisaient bien ; l'hospitalité y était convenablement donnée ; les deux religieux avaient une bonne conduite ; les bâtiments étaient en état satisfaisant et le prieuré n'était endetté qu'envers l'abbé de Cluny, ce qui faisait espérer au prieur l'indulgence de l'abbé. Néanmoins les définiteurs engageaient-ils le prieur à diminuer le chiffre de sa dette ; ils demandaient en outre que les moines absents fussent remplacés (1). Le prieur de Vaucluse fut désigné, avec le prieur de Mièges, pour visiter, en 1380, les maisons d'Allemagne et de Lorraine, et en 1380, il assista comme définiteur au chapitre général (2). En 1381, il n'y avait que deux religieux avec le prieur, et les dettes s'élevaient à 300 florins (3).

Le prieur assiste comme définiteur au chapitre général de 1385, et il est désigné, avec le prieur de Port-sur-Saône, pour visiter, en 1386, l'Allemagne et la Lorraine (4). Il est excommunié pour n'être pas allé au chapitre général de 1387 et ne s'être pas excusé et il est désigné pour visiter la province d'Allemagne en 1388. Il y avait alors à Vaucluse cinq religieux et le prieur. Tout était en bon état, au spirituel comme au temporel, mais il restait une dette de 180 francs que le prieur était invité à éteindre (5).

Le chapitre général eut à s'occuper, en 1388, d'un religieux de Vaucluse nommé Jean Mongnet ou

---

(1) B" 89, t. XI, 1379.

(2) B" 89, t. XI, 1380.

(3) B" 89, t. XI, 1381.

(4) B" 89, t. XI, 1385.

(5) B" 89, t. XI, 1387.

Jean de Saint-Maurice, qui est représenté comme un franc mauvais sujet. Il s'était montré désobéissant envers le prieur et les visiteurs, voleur et débauché. Une nuit, il avait grièvement blessé un autre religieux et le prieur n'avait pas osé l'en reprendre. Frère Jean fut cité par les visiteurs à comparaître devant les définiteurs pour rendre compte au chapitre général de sa conduite et recevoir le châtiment qu'il méritait, mais il se garda bien d'en rien faire. Déclaré contumace, il fut excommunié. Le prieur de Moutier-Hautepierre reçut mission et mandat de se saisir de sa personne ou de le faire prendre et de le conduire à Cluny aux frais du prieur de Vaucluse ; tous les prieurs et religieux de l'ordre de Cluny étaient requis de lui prêter aide et assistance. De son côté, l'abbé était prié de punir dom Jean selon ses méfaits et de lui assigner une résidence en dehors de la province d'Allemagne (1).

(1) Prior de Valle clusa bene et laudabiliter in spiritualibus et temporalibus regit. Verumtamen est in dicto prioratu unus monachus, nomine Joannes Mongnet, alias Joannes de St-Moris, pessimi regiminis, qui suo priori inobediens est et visitatoribus, et est latro, de incontinentia diffamatus, juxta relationem visitatorum. Qui vulneravit graviter et de nocte in claustro unum sociorum suorum, et prior dicti loci non est ausus eum reprehendere. Citatus fuit dictus monachus per visitatores coram diffinitoribus ad instans et praesens capitulum generale, pro suis demeritis condignam correctionem recepturus. Qui non comparuit et fuit contumax in non veniendo ad dictum capitulum generale, et propter ejus contumaciam dicti diffinitores ipsum excommunicant, in his scriptis dantes commissionem et potestatem priori de Alta petra quod dictum D. Joannem criminosum capiat seu capi faciat et Cluniacum adducat expensis dicti prioris Vallis clusae, praecipientes omnibus prioribus et religiosis ordinis Cluniacensis quatenus sibi praestent in exequendis praemissis auxilium, consilium et favorem, exhortantes D. Cluniacensem quatenus dictum D. juxta demerita sua corrigat et puniat et postea assignet sibi mansionem extra provinciam Allemaniae. (B" 89, t. XI, 1388.)

En 1389, le prieur de Vaucluse assista comme définiteur au chapitre général (1).

Tout en dépendant immédiatement de Cluny, Vaucluse n'en était pas moins tenu à certains droits envers des seigneurs du voisinage, notamment envers les comtes de Neufchâtel, qui avaient sans doute remplacé, dès le XIV° siècle, les comtes de la Roche comme gardiens du prieuré. Un des principaux était le droit de gîte qu'il devait au comte de Neufchâtel et qui consistait à recevoir celui-ci lorsqu'il était à la chasse, un jour et une nuit chaque année, ses « breniers » ou valets de meute, une personne de sa suite et à leur donner à dîner le lendemain. Cette réception se faisait avec beaucoup de solennité, et, même en l'absence du comte, le cérémonial était des plus curieux. Nous en trouvons la preuve dans le document suivant, qui a trait à un séjour à Vaucluse du « brenier » et des chiens du comte, en 1389. Intitulé : « *Certainne requeste faicte au priour de Moustier Vaulcluse par le braconnier monseigneur de Nuefchastel,* » il est conçu en ces termes :

« En nom de Nostre Seignour. Amen. Par cest present publique instrument à tous apparisse évidemment que l'an d'icellui courrant par mil CCC quatre vins huict, le VII° jour du moys de janvier, houre de prime ou environ, indiction XII° ou XI° an du pontiffiement de très saint père en Jhesu Crist monseignour Clement, par la divine provision, pape VII°, ou cloistre du priorey de Moustier Vaucluse, en la diocèse de Besançon, de l'ordre de Cluney, en la presence de moy notaire publique et des tesmoins cy après escrips, personnelment estant

(1) B" 89, t. XI, 1889.

Moingin de Froiconnart, adonc brenier de noble et puissant seignour monseignour Thiebaut, seignour de Nuefchastel, de ladicte diocèse, liquel Moingin adreça ses paroles à religiouse persone monseignour Guillaume, humble priour dudit priorey de Moustier Valcluse, dit et proposa les paroles ou semblables qui s'ensuivent en effect :

« Monseignour le priour, je suis brenier de mon-
« seignour de Nuefchastel, liquel m'a envoyé par
« devers vous, ensemble ses chiens, et en la maison
« de cestui priorey pour prendre et lever le geiste
« de ses chiens qu'il prent, ait et doit avoir d'an-
« ciennetey en cestui priorey chascun an es mis-
« sions et cousts dudit priorey, et la mercy Dieu
« pour ceste foys et la vostre la nuit passée et à
« cestui matin, je, mes compaingnons, ensemble
« les chiens de mondit seignour de Nuefchastel,
« somes estey bien aise et volentiers receu. »

« Liquel messire Guillaume, priour dudit prio-
rey, à icelluy Moingin, brenier dudit seignour de Nuefchastel, respondit les parolles ou semblables qui s'ensuivent en effect :

« Mon amy, vous et vostre compaingnie soiez bien
« venus et suis bien liez et joyant se vous et li
« chiens de monseignour de Nuefchastel estes bien
« reçus et se vous vous tenez pour contens à ceste
« foys de moy et de la maison de céans, et voulen-
« tiers vous et les chiens de mondit seignour de Nuef-
« chastel pour ceste foys je voy et reçoy, et Diex
« doint bonne vie à monseignour de Nuefchastel. »

« Liquel Moingin adreça ses parolles à icelluy priour, respondit :

« Sire, je et li chiens de monseigneur sommes
» céans estey receus bien et lyement et pourtant,
« sire priour, je vous supplie, s'il vous plait, que je

« en aie congnoissance comme je aie céans estey,
« ensemble les chiens de mondit seignour, pour ses
« geistes de ceste presente année et pour le rapport
« à mondit seignour. »

« Liquel priour respondit qu'il ne l'en feroit autre congnoissance fuer que tant que il est bien liez et joyant se il se tient pour content à ceste foys et se il est receu à son grey et sont les parolles dudit priour et que il n'en avoit accoustumey d'en faire autre cognoissance de ladicte geiste de chiens, fuer que de les recevoir une foys l'an quant ils venoient à la maison dudit priorey.

« Desquelles responses faictes par ledit priour, ensemble de toutes les autres choses dessus escriptes, lidiz Moingin, pour et en nom dudit seignour de Nuefchastel, demanda à moy notaire publique à lui estre fait publique instrument un ou plusiours, la substance gardée.

« Ce fut fait l'an, jour, houre, indiction, pontificat et lieu que dessus, presens enqui Michael Perrin, boutoillier, vallez dudit priour, Symonnin Cornuel, de Soyes, Estevenin Chremaille, de Vermondans, et Lelouet, tesmoings ad ce appellez et requis.

« Et je Jehans Droilley, de Lile, de la diocèse de Besançon, clerc de l'auctoritey l'imperaour, notaire et jurez de la court de Besançon, à toutes et singulières les paroles dessus proposées et respondues par ledit Moingin et ledit priour ensemble et toutes les choses contenues en cest present avec les tesmoings dessus nommés, etc. » (1).

Ainsi qu'on a pu le voir au commencement de l'acte qui précède, le prieur de Vaucluse, en 1389, se nommait Guillaume.

(1) *Cartulaire de Neufchâtel*, collection Moreau, 898, fol. 142 et suiv.; Nouvelles acquisitions françaises, 3535, fol. 109-110.

Après Guillaume de Cossonay et avant Léonard de Cléron, le P. André mentionne comme prieur de Vaucluse Gui d'Usier (Guido de Gusiaco), mais sans indiquer de date. Il aurait été ensuite nommé doyen de Vergy, en remplacement de Jean de Baume. Si le P. André n'a pas commis d'erreur, il y aurait eu à Vaucluse deux prieurs de ce nom, l'un antérieur au XV° siècle, l'autre dont il sera question ci-après.

En 1400, il y a à Vaucluse quatre religieux. Le prieur demeure avec l'abbé de Cluny. Les religieux célèbrent et chantent bien les offices. Les bâtiments sont en bon état. L'administration temporelle est satisfaisante. Il n'y avait qu'une chape. Les définiteurs demandent qu'on s'en procure dans le courant de l'année et qu'on pourvoie à tous les besoins reconnus (1). En 1404, le prieur mérite d'être félicité pour sa bonne administration.

De 1404 jusqu'au 28 mars 1409, nous trouvons comme prieur de Vaucluse Jean du Vernois. Il eut des démêlés avec Étienne, sacristain du prieuré, au sujet des droits de la charge de ce dernier. Geoffroi du Vernois, frère de Jean, vicaire général et chambrier de l'ordre de Cluny pour la province de Lorraine et d'Allemagne et prieur de Moutier-Hautepierre, fut député par l'abbé de Cluny pour terminer ces différends. Il le fit à la satisfaction des deux parties, le 12 octobre 1407. En 1405, 1407 et 1408, il fut nommé visiteur de la province d'Allemagne (2). Le 25 mars 1409, Jean du Vernois prit possession du prieuré de Morteau, mais ce ne fut pas pour long-

(1) B" 89, t. XII, 1400, et Bibliothèque de l'Arsenal, ms. 777, p. 225.
(2) B" 89, t. XII, 1404, 1406 et 1407.

temps, car, le 19 avril suivant, le cardinal Antoine de Chalant est qualifié prieur de Morteau (1). Jean du Vernois conserva peut-être le prieuré de Vaucluse jusqu'au moment où il devint abbé de Cerlier ou Erlach, au diocèse de Lausanne, vers 1413 environ (2). Les visiteurs, en 1410, trouvèrent cinq religieux à Vaucluse; l'administration du prieuré fut jugée bonne (3), et le prieur fut désigné pour visiter les maisons de la province d'Allemagne en 1411 et 1412 (4).

En 1414, d'après dom Chassignet, Vaucluse eut pour prieur GUI D'USIER, qui avait été religieux à Moutier-Hautepierre, comme on le voit par une charte du 10 juillet 1413. Il fut administrateur du prieuré de Morteau qui était vacant, depuis le 3 octobre 1420, jusqu'au 6 novembre suivant (5), et devint prieur de Château-sur-Salins, en 1422. C'est probablement lui que nous voyons abbé de Saint-Claude en 1430 et 1441 (6).

LÉONARD DE CLÉRON, religieux de Saint-Jean de Cerlier ou Erlach, passa dans l'ordre de Cluny, avec la permission de ses supérieurs, et fut nommé prieur de Vaucluse par Robert, abbé de Cluny, le 28 avril 1417. L'année suivante, il échangea, avec le

---

(1) Dom Chassignet, *Histoire du prieuré de Morteau*, ms. fr. 18,750, fol. 27.

(2) *Gallia christiana*, t. XV, col. 388.

(3) B"89, t. XIII, 1410.

(4) B"89, t. XIII, 1410 et 1411.

(5) Le P. André de Saint-Nicolas, *Prioratus de Mortua aqua*, p. 280.

(6) *Gallia christiana*, t. IV, col. 252. — Dom Chassignet croit qu'il mourut à Château-sur-Salins après 1432.

consentement de Robert, abbé de Cluny, le prieuré de Vaucluse contre l'abbaye de Cerlier, avec Jean du Vernois (1). Celui-ci fut choisi pour prieur de Vaucluse, le 23 mars 1418. Il est sans aucun doute le même que celui dont il vient d'être parlé. En 1418 et 1419, il fut visiteur de la province d'Allemagne (2).

En 1427, le chapitre général, jugeant insuffisant le nombre des religieux de Vaucluse, invita le prieur à s'en adjoindre deux autres. Il lui ordonna également de ne garder et de n'admettre aucune femme dans son prieuré et de chasser immédiatement celles qui y étaient ; enfin, il lui prescrivit de faire faire une chape pour le service divin. Le prieur fut excommunié pour n'être pas allé au chapitre général et ne s'en être pas excusé (3). Au chapitre de 1428, on lui enjoignit de faire boucher les trous qui étaient dans les toits et à un mur derrière le verger, et on fit appel à toute sa sollicitude pour la défense des intérêts de son monastère (4).

Jean du Vernois eut pour successeur à Vaucluse GUILLAUME DE PERRIÈRE OU DE LA PERRIÈRE (« de Perreria »). Ce prieur est mentionné dans une charte du 20 mai 1429, par laquelle Jean Burdet, prieur de Moutier-Hautepierre, donne, en sa présence, un missel à l'église Saint-Pierre de Moutier. En 1431, il assiste comme définiteur au chapitre général de Cluny (5). Le 2 août 1432, Jean Fauquier, prieur de Saint-Jean-de-Lône, reconnaît, lui présent, devoir une pension à Cluny. Guillaume de Perrière est

---

(1) Leonardus de Cleron, sequanus, innotescit ab anno 1421. Anno 1440 superstes erat *(Gallia christiana,* t. XV, col. 888).
(2) B" t. XIII, 1417 et 1418.
(3) B" 89, t. XIII, 1427.
(4) B" 89, t. XIII, 1428.
(5) B" 89, t. XIII, 1431.

encore nommé dans un acte de présentation à la cure de Pierrefontaine, faite en son nom, le 28 juin 1433, par le même Jean Burdet. Il fut élu prieur de Précy, le 1ᵉʳ octobre 1438, après la mort de Louis de Nesson (1).

Élyon de Lantenne, son successeur à Vaucluse, fut élu abbé de Lure. Odon, abbé de Cluny, reconnut son élection, le 12 juillet 1439 (2).

Amédée de la Toissenère fut nommé prieur par Odon, abbé de Cluny, le 16 janvier 1440.

Jean Fauquier abandonna le prieuré de Vaucluse et fut, pour la deuxième fois, semblerait-il (3), nommé prieur de Saint-Jean-de-Lône, le 29 décembre 1448, par Odon, abbé de Cluny. Il fut remplacé à Vaucluse par Edmond Belvalet, prieur de Saint-Jean-de-Lône (4).

En 1450 et 1451, le prieur de Vaucluse assista comme définiteur au chapitre général. Le prieuré ayant été détruit, il avait dépensé pour le reconstruire 300 florins d'or. Il avait fait un dortoir et aménagé un local convenable pour le prieur et les religieux; ce qui n'avait jamais existé avant lui. Il mérita, pour ce fait et pour sa bonne administration, d'être félicité par le chapitre (5). En 1451, il fut passé un accord entre le prieur et le comte de Neuf-

---

(1) Extrait d'un cartulaire de l'abbaye de Cluny, par le P. Chifflet, p. 45, cartulaire faisant partie de la collection Joursanvault-Laubespin, à la Bibliothèque nationale, n° 28.

(2) Elyon de Lantenne servos villas Frahier et Chalonvillars incolentes manumisit anno 1449. Anno dein 1454 occurit in Joannem Prevost, Joannis Girart ocisorem, sententiam ferens (*Gallia christiana*, t. XV, col. 169).

(3) Autant qu'il est permis d'en juger par le texte du P. André.

(4) Le P. André l'appelle « Mardonnus » Belvalet.

(5) B" t. XIII, 1451, et ms. de l'Arsenal, 778, p. 46.

châtel au sujet du « gît au chien » et au sujet de la fondation d'un anniversaire qui se devait faire à l'église de Vaucluse, le vendredi des quatre temps avant Noël, et de la célébration d'une messe du Saint-Esprit et d'une messe de la Vierge, le samedi suivant (1).

III. Vaucluse sous les prieurs commendataires.

Edmond Belvalet fut le dernier des prieurs réguliers et le premier commendataire. Il était docteur en théologie, archidiacre de Cluny et prieur de Roquemaure. Il assista comme définiteur aux chapitres généraux de Cluny des années 1454, 1456 et 1457 (2). Il faisait percevoir les revenus de son prieuré par un fondé de pouvoirs.

De tout temps, le prieur de Vaucluse avait été curé de la paroisse unie au couvent, mais lorsque le prieuré fut tombé en commende, les prieurs commendataires nommèrent comme vicaires des prêtres séculiers, moyennant une rétribution; ils conservaient cependant le titre et la qualité de curés primitifs. D'ailleurs, les religieux administrèrent par eux-mêmes jusqu'à une époque assez reculée les églises et les paroisses qui dépendaient de Vaucluse, du moins les plus rapprochées. Ces églises étaient nombreuses; il y avait celles de Damjoux, de Provenchères, de Saint-Maurice, de Chamésey, de Soulce, de Dampierre, de Dannemarie, la chapelle Notre-Dame du château de Montjoie, l'église

---

(1) Collection Moreau, 899, *Inventaire des titres de la maison de Neufchâtel*, fol. 158 v°, et l'abbé Richard, *Recherches sur Neufchâtel*, p. 199.

(2) B" 89, t. XIII, 1454, 1456 et 1457.

de Pierrefontaine, toutes à la nomination du prieur de Vaucluse ; les villages et hameaux de la Grange, Rosureux, la Rochotte, Esbey, Charmoille et Belleherbe. Pierre Magnin, de Moutier-Hautepierre, fut curé et vicaire perpétuel de l'église paroissiale de Vaucluse.

Edmond Belvalet eut pour successeur CLAUDE DE RYE. Il constitua, le 30 avril 1476, des procureurs pour l'administration du prieuré de Vaucluse (1).

A Claude de Rye succéda GIRIN MARIN, selon dom Chassignet, GUI MARTIN, selon le P. André. Il était protonotaire du Saint-Siège et commandeur de Saint-Antoine de Ruffey. Il figure dans un acte du 26 mars 1486. Son successeur, PIERRE DE MONTFORT, présente, en 1487, à diverses églises dépendantes de Vaucluse. Un acte du 12 mars 1491 prouve que les sujets du prieuré étaient mainmortables et taillables et que les prieurs jouissaient de la haute, moyenne et basse justice dans toute l'étendue de leurs terres.

Pierre de Montfort comparut comme témoin dans un acte du 20 mars 1494, passé au sujet de la délimitation des terres de Philippe de Hochberg, comte de Neuchâtel en Suisse, et d'Antoine de Roche, prieur de Morteau (2). Il avait été élu, en 1492, abbé de Saint-Vincent de Besançon par les religieux de cette abbaye, mais il ne résigna pas pour cela le prieuré de Vaucluse. Il fit bâtir le quartier abbatial de Saint-Vincent et mourut en 1501.

Après la mort de Pierre de Montfort, le pape Alexandre VI donna, le 26 mai 1501, le prieuré de Vaucluse en commande à JEAN, archevêque de Ra-

---

(1) Ce prieur n'est pas indiqué par dom Chassignet.

(2) Dom Chassignet, *Histoire du prieuré de Morteau*, ms. fr. 18,750, p. 30.

guse ; celui-ci le remit, le 2 juillet suivant, entre les mains du pape. Alors Bernardin Labouquet essaya de s'en faire pourvoir, mais Alexandre VI le donna à Nicolas de Diessbach, prieur de Motier-Travers, au diocèse de Lausanne.

Le nouveau prieur appartenait à une des familles les plus considérables de la Suisse. Né le 22 juin 1478, il était le fils aîné de Louis de Diessbach, chevalier, seigneur de Diessbach, de Kiesen et de Spietz, et d'Anne de Ringoltingen, sa première femme. Il fut élu prévôt de l'église Saint-Ours de Soleure, le 28 décembre 1500, et nommé prieur de Vaucluse en 1502. En 1506, il devint prieur de Grandson. Il était aussi protonotaire apostolique et chambellan du pape Jules II. Il fut nommé caodjuteur de l'évêché de Bâle, en 1519, mais il renonça, en 1527, au siège épiscopal de cette ville, moyennant 4,000 florins et une pension annuelle de 500 florins, et il conserva le titre de grand doyen du chapitre. Il eut des revenus très considérables des gabelles à Salins ; il testa en 1559 et institua pour ses héritiers les quatre fils de son frère Jean-Rodolphe.

Nicolas de Diessbach avait obtenu, en 1509, de Jules II des bulles pour recouvrer les droits de tous ses bénéfices. Par acte du 23 février 1539, il vendit, du consentement des religieux, tout ce qui appartenait au prieuré de Vaucluse dans le comté de Montbéliard, dans la seigneurie de Blamont et à Dampierre, pour la somme de 1,200 livres, monnaie de Bourgogne, qui devaient être consacrées à l'achat de censes de pareille valeur. Le pape Paul III, par un rescrit en date du 18 juillet 1539, nomma des commissaires pour juger de la validité du contrat. Ces commissaires le confirmèrent par acte du 17 août 1540, mais on ne sait pas si Nicolas de Diessbach convertit le prix des biens aliénés en achat d'autres biens au profit de son prieuré. En 1544, il fit ériger, à une faible distance de Vaucluse, la belle croix de la Baume, qui subsiste encore aujourd'hui.

Pendant l'administration de Nicolas de Diessbach, il y eut trois sacristains à Vaucluse : dom Pierre Tisserand, qui mourut en 1507 ; dom Jean Colin, qui fut nommé le 24 juillet de la même année, et enfin dom Jean Cugnotet, qui fut sacristain de 1538 à 1550.

Nicolas de Diessbach mourut à Besançon, le 15 juin 1550. Il fut inhumé dans la chapelle Sainte-Catherine de l'église Saint-Etienne de Besançon (1).

Il eut pour successeur GABRIEL DE DIESSBACH, cinquième fils de Georges de Diessbach, gouverveur de Neuchâtel et Valangin, seigneur de Prangins, baron de Grandcourt, etc., et de Marguerite Wehrli, de Fribourg. Il était protonotaire apostolique, chevalier de la confrérie de Saint-Georges et prévôt du chapitre de Besançon. D'après la généalogie des Diessbach, de la branche de Berne, conservée dans la collection de Mülinen, Gabriel aurait

(1) Sur son tombeau, on lisait cette épitaphe : « Haec requies mea in saeculum saeculi. Hic requiescit Rev. et nob. D⁴⁵ Nicolaus a Diessbach, Bernensis, prior Vallis clusae et Grandiss. commendat., qui, ob ingruentem in Ecclesia Lutheranorum persecutionem, coadjutoriae episcopatus Basiliensis cessit et decanatum ac canonicatum Basiliensem, nec non praeposituram Solodorensem, Lausannensis diocesis, aliaque ecclesiastica munera quae obtinebat reliquit et Bisunt. degens hoc sacellum restauravit, in quo missam canonicalem quotidie celebrandam fundavit. Obiit 15 mensis junii 1550, aetatis suae 82. Orate pro eo. » Livre du chapitre de Bâle, appartenant à M. Rink de Baldenstein et intitulé : *Capitelbuch der Hochstifter Basel.* — Dans l'*Helvetia sacra*, p. 60, M. Egbert-Frédéric de Mülinen-Mutach a consacré à Nicolas de Diessbach une courte notice.

épousé, avant sa nomination au prieuré de Vaucluse, Barbe d'Eptingen, veuve de Bourcard Haller de Courtelary, et de ce mariage il aurait eu une fille unique, Esther, femme de Sébastien de Diessbach, puis de Jacques Manuel.

Pendant son administration, il y eut deux sacristains à Vaucluse: dom Jean Soudain, en 1553, et dom Germain Regnaud, en 1583. Gabriel de Diessbach mourut en 1584 (1).

Depuis 1584 jusqu'en 1595, Vaucluse eut pour prieur MAURICE DE DIESSBACH, docteur en droit, chanoine et official de Besançon. On ne sait rien de son administration.

En 1588, les revenus de Vaucluse étaient de 4,000 livres.

Le 26 mai 1592 (2), Philippe II, roi d'Espagne, nomma au prieuré de Vaucluse CLAUDE DE BAUFFREMONT, baron de Durnes, Châtelneuf, Vuillafans, etc., conseiller, et maître des requêtes au parlement de Dôle, grand-

---

(1) Gabriel de Diessbach était l'ami de Jean-Jacques Boissard, poëte bisontin, qui lui fit l'épitaphe suivante :

« Haec sunt Dispachii sita ossa, cujus
Morte moesta Vesuntio gemiscit.
Non illo melior pientiorve,
Non prudentior eruditiorve
Quisquam ad flumina Sequanae Dubisve
Est visus, vel amantior suorum.
Qui postquam bene de suis merendo
Amplis functus honoribus, secundo
Esset tramite vitam adeptus, annis
Mors gravem abstulit intulitque coelo. »

Gallia Christiana, t. XV, col. 138.

(2) Collection Moreau, 899, *Inventaire des titres de la maison de Neufchâtel*, fol. 283 v°. Dom Chassignet dit que Claude de Bauffremont fut nommé, en 1595, prieur de Vaucluse.

chantre à l'église métropolitaine de Besançon, abbé commendataire de Balerne.

Après sa prise de possession, les quatre religieux qui composaient le prieuré, lui représentèrent que les anciens prieurs n'avaient donné à chacun d'eux pour leur vestiaire que 4 francs, 2 gros, ancienne monnaie, ou 55 sc . 6 deniers, monnaie de France, mais que MM. de Diessbach y avaient pourvu, sans traité, à leur satisfaction. Ils le suppliaient donc d'augmenter cette somme. Le 20 juillet 1596, Claude de Bauffremont régla cette somme à 8 francs, 4 gros, c'est-à-dire à 5 livres, 11 sous, 1 denier, monnaie de France. Il obtint, en 1600, ses bulles, qui furent fulminées le 5 septembre 1601 (1).

Pendant le priorat de Claude de Bauffremont, Vaucluse fut visité, le 13 octobre 1617, par dom Louis de La Tour, vicaire général de Louis de Lorraine, cardinal de Guise, archevêque de Reims et abbé de Cluny, et, le 30 août 1628, par Jean-Jacques Fauche de Domprel, prieur de Morteau. Celui-ci nomma sacristain, sans doute en remplacement de dom Ursin de Vaux, qui occupait cette charge en 1607, dom Rolin Mareschal, sous-prieur.

Claude de Bauffremont eut pour successeur son neveu CLAUDE-FRANÇOIS DE BAUFFREMONT, vicomte de Marigny, chanoine et grand-chantre de l'église métropolitaine. Selon le P. André, il aurait été nommé par le roi d'Espagne, le 21 avril 1634. Il mourut en 1637. Suivant ses intentions, Claude de Bauffremont, baron de Scey, son père, délivra, le 20 mai 1630, une somme de 1,000 francs aux religieux de Vaucluse pour s'acquitter d'une fondation.

Après la mort de Claude-François de Bauffre-

---

(1) Collection Moreau, 899, fol. 234 v°.

mont, il fut dressé, en 1637, un inventaire du mobilier de Vaucluse. Ce mobilier, aussi bien celui qui servait à l'église que celui qui était à l'usage des religieux, était assez peu confortable, mais l'inventaire n'en est pas moins intéressant et mérite d'être publié (1). Ce qui frappe le plus, quand on lit ce document, c'est l'absence absolue de livres.

Claude-François de Bauffremont eut pour successeur ANTOINE-FRANÇOIS DE BATTEFORT, abbé de Rosières, nommé, selon, le P. André, par le roi d'Espagne, le 12 novembre 1639.

MARIN BOYVIN, docteur en droit, protonotaire apostolique, doyen de l'église collégiale de Dôle, fut pourvu du prieuré par le roi d'Espagne, Philippe IV, le 13 janvier 1644, en prit possession, le 8 février suivant, et fut institué prieur par bulles du 3 novembre 1644.

Il nomma trois sacristains à Vaucluse : dom Pierre Mathieu, le 26 janvier 1652; dom Pierre Bretenois, en 1654, et dom Hugues Monnot, le 13 septembre 1664. Il fonda son anniversaire à Vaucluse et légua, à cette intention, 1,000 francs aux religieux. Il avait été excommunié, parce qu'il ne voulait pas se démettre de ce bénéfice, en faveur de Henri Outhenin, nommé par Rome (2).

Peu avant la mort de leur prieur, les religieux étaient dans un état voisin de la misère. Dans une requête à la Chambre de justice, en 1670, ils demandent que le prieur leur accorde 3 muids de vin, 25

---

(1) *Pièces justificatives*, n° VI.

(2) Dom Chassignet dit avoir vu la sentence de Rome, de 1646, « contra Marinum Boyvin excommunicatum declaratum, aggravatum, reaggravatum ratione prioratus Sancti Petri de Vaucluse, cujus possessionem demittere nolebat, vacantem per obitum D. Claudii Francisci de Baufremont. »

émines de froment et 120 francs en argent pour leur entretien (1).

Après la mort de Marin Boyvin (20 octobre 1670), les religieux de la congrégation de Saint-Vanne, qui avaient depuis longtemps déjà introduit la réforme dans treize maisons bénédictines de Franche-Comté, songèrent à l'introduire à Vaucluse. Le temps de la vacance du prieuré leur parut le plus propre pour faciliter l'exécution de leur dessein. Ils en profitèrent. Dom Gérard Richardot, principal du collège de Dôle et administrateur du prieuré de Vaucluse pendant la vacance, présenta à cet effet une requête au prince d'Aremberg, alors gouverneur du comté de Bourgogne pour le roi d'Espagne. L'appointement, en date du 4 décembre 1670, fut favorable à la réforme, mais il fallait obtenir le consentement des religieux. Dom Bernardin Richardot, sous-prieur de l'abbaye Saint-Vincent de Besançon, fut député par la congrégation de Saint-Vanne, pour traiter avec eux. Comme il fallait prendre possession de la manse conventuelle, avant que le procureur de CHARLES-FRANÇOIS DE GAND, nommé prieur de Vaucluse par le roi d'Espagne, prit en son nom possession de la manse priorale, dom Bernardin s'empressa de conclure, le 30 décembre 1670, avec dom Hugues Monnot, sousprieur et sacristain, le traité qui introduisait la réforme à Vaucluse. Après l'avoir signé, il prit possession des places monacales, peu d'instants avant le procureur de Charles-François de Gand.

Le 17 janvier 1671, les visiteurs de la congrégation de Saint-Vanne ratifièrent tous les actes de dom Bernardin. Dom Gérard Richardot, en qualité d'ad-

(1) Archives du Doubs, série H, Vaucluse.

ministrateur du prieuré de Vaucluse, fit de même, le 11 février suivant; enfin le chapitre général, tenu à Saint-Mihiel, approuva, le 24 mars, les traités passés par dom Hugues Monnot et les autres religieux. Les deux autres traités de ratification du chapitre sont du 16 et du 17 avril 1671. C'est ainsi que la réforme fut introduite à Vaucluse.

La réforme de Saint-Vanne et Saint-Hydulphe rétablissait la règle de saint Benoît dans toute son austérité : le travail des mains, l'abstinence de la viande hors le cas de maladie, la lecture de la règle, l'habit régulier, le vœu de stabilité dans les congrégations, mais non pour une maison particulière.

Charles-François de Gand, nommé prieur de Vaucluse, était fils de Philippe Balthasar de Gand, prince et comte d'Isenghien, chevalier de la Toison d'or, gouverneur et capitaine-général du duché de Gueldre et du comté de Zutphen, etc., etc. Il était âgé de 11 ans, lors de sa nomination par lettres patentes du roi Charles II, en date du 7 décembre 1670. La Chambre de justice l'envoya en possession du prieuré, le 24 du même mois. Receveur, de Dôle, son procureur, prêta pour lui le serment accoutumé par devant le prince d'Aremberg, le 27 décembre, et prit, en son nom, possession du prieuré de Vaucluse. Mais Clément X refusa de lui faire expédier des bulles d'institution, parce que les intérêts de l'Eglise s'y opposaient.

François-Albert de Gand fut nommé prieur de Vaucluse, en 1672, en remplacement de son frère Charles-François. Il paraît, d'après dom Chassignet, que les religieux n'avaient pas eu à se féliciter de la conduite des deux prieurs.

Le 20 juillet 1676, Louis XIV nomma au prieuré de Vaucluse César de Marnay. Il était fils de Charles de Saint-André-Marnay, seigneur de la Bastie, maïeur de la ville de Dôle. Il traita avec les religieux pour leurs prébendes, le 15 mars 1677, et pour l'entretien des bâtiments du prieuré, le 21 décembre 1681. Il ne posséda ce bénéfice que jusqu'en 1682, époque à laquelle il prit possession de l'abbaye de Bellevaux.

Après la démission de César de Marnay, le roi désigna pour son successeur François Marin, chanoine de l'église Saint-Jean de Besançon. Sa nomination est du 4 septembre 1682. Il prit possession de son prieuré, le 25 novembre suivant.

Il nous est resté un inventaire du mobilier de Vaucluse, qui fut dressé avant sa prise de possession. Il n'est pas sans intérêt de signaler les quelques accroissements qui s'étaient produits et les différences qu'il présente avec l'inventaire de 1637.

Un ciboire d'argent, aux armes de M. d'Isenghien, sur lequel était un rayon d'argent avec la lunette, avait été substitué à l'ancien, aux armes des Bauffremont, qui avait été reconnu trop vieux. Il y avait de plus un calice d'argent ciselé, sans dorure, donné au prieuré par le père de dom Maur Jeunet, lorsque celui-ci avait dit sa première messe à Vaucluse, cinq ans auparavant.

Dans l'église, il y avait « dix neufz tableaux à huisle, avec leurs cadres, desquels il y en a deux qui estoient existentz au temps du dit inventaire, sçavoir un grand tableau représentant Nostre Dame des sept douleurs, et un autre plus petit représentant une vierge martire portant une couronne sur la teste et une flesche en la poictrine ; des autres dix-sept, il y en a deux représentantz un Salvator et sa saincte Mère ; deux paysages, à l'un desquelz est représenté Nostre Dame avec l'enffant Jésus et à l'autre saincte Madeleine pénitente; un autre représentant Nostre Dame du Mont-Carmel; deux autres représentantz sainct Estienne et sainct Laurent; deux autres représentants sainct Pierre et saincte Madeleine; quatre autres représentantz Nostre Dame; deux autres petitz tableaux représentantz un *Ecce homo*, et Nostre Dame de Pitié. »

Parmi les tableaux placés dans les différentes pièces du bâtiment prieural, sont indiqués « deux tableaux en détrempe, avec les cadres en sapin représentant nostre Seigneur dans la maison de sainte Marthe et sainte Madeleine; deux tableaux en détrempe représentant le Printemps et l'Hyver, un autre aussy en détrempe représentant la Vie et la Mort; encore un autre tableau en détrempe représentant Adam et Eve dans le paradis terrestre. »

Un article de cet inventaire nous apprend qu'il y avait, à l'église, deux clochers : « le petit, qui est à la façon de ceux des couventz des P. Capucins de cette province; » et « le grand clocher, qui est à l'entrée d'icelle... » — « Dans le petit clocher, qui est sur le petit cœur, il y a une petite cloche servant à sonner les messes et offices des religieux, et dans le grand clocher, il y en a deux autres plus grosses qui servent aux offices de la paroisse. Dans ledit grand clocher, il y a un horologe deppendant dudit prieuré qui est en bon estat. »

A l'inventaire de 1682 est joint un état des revenus du prieuré. Voici l'indication des localités où les prieurs de Vaucluse percevaient la dîme, qui variait de onze ou douze ou quinze l'un : Battenans, Belleherbe, Belmont, Bief, Bretonvillers, Chamésey, Charmoille, Cour, Damjoux, Droitfontaine, Esbey, Feule, Fremondans, Friolais, la Grange, l'Ile, la

Lizerne, Longevelle, Montandon, le Mont-de-Vougney, Orgeans, Provenchères, la Reuchote, Rosières, Rosureux, Soulce, Valonne, Varin, Vaucluse, Vellerot, le Vernois.

A Vaucluse, les prés du prieuré produisaient 10 chariots de foin; à la Grange, 10; il y avait de plus dans ce village un pré de 6 journaux; à Droitfontaine, 2 chariots; à Rosureux, 8. A Grand-Sancey, le prieuré possédait une maison, des terres et des prés rapportant 50 francs par an et 100 quartes de froment et d'avoine; à Long-Sancey, le moulin d'Aussonvelle et un revenu de sept quartes 1/2 de froment; à Sancey, un moulin et 80 quartes de froment. Le moulin-aux-moines, sur le Dessoubre, était amodié pour 16 bichots, dont 8 de froment et 8 d'avoine, 30 francs d'argent et 50 livres de chanvre battu.

« Chaque paroissiain de Vaucluse doibt un coupot qu'est une demye carte de froment par chaque année au sieur prieur comme curé primitif.

« Les habitans de Charmoille doibvent chacun deux cartes de froment de cense pour le droit de carte des fourgs, à la réserve de ceux qui sont de la famille des Foillon, qui ne doivent chacun que trois coupots.

« Touts ceux qui sèment à Pierrefontaine doivent une gerbe froment qui se partage entre le sieur prieur et le sieur curé dudit Pierrefontaine.

« La taille dehue annuellement par les subjetz de Vaucluse se monte à six vingt frans.

« Le dixme d'agneaux qui se lève d'unze l'un aux villages de Charmoille, Ebey, Belleherbe et la Grange.

« Chasque subjet doit une poule et les courvées de bras pour les réparations de l'écluse du moulin-au-moyne, et quant à ceux qui ont harnais, ils doivent charroyer les bois nécessaires aux réparatz des bastimens du prieuré, dudit moulin et de l'écluse.

« Chasque paroissiain des villages de Charmoille, Belleherbe, Ebey et la Grange doibvent cinq blans pour le droit d'avenerie, et de plus ceux ayant charrue dix blans pour le droit de charruage, et ceux qui n'ont que demye charrue doivent cinq blans.

« Chasque subjet ayant cheval ou plusieurs doibt un louton, qui est une pièce de bois de la charge d'un cheval propre à brusler.

« Les droictz de patronages des cures de St-Moris, Soulce, Dampjoux, Provanchères, Pierrefontaine, Vyt les Belvoye, Funans et du vicaria de Chaumesé, ce qui se peut monter à environ vingt frans annuellement.

« Les lods au feurg de deux gros par franc de toutz vendages des héritages deppendans de ladite seigneurie de Vaucluse avec le droit de retenue.

« Il est deu un mouton de tout vendage dont le prix est de six frans et au-dessus et un chappon de cinq frans, unze gros et au-dessoubz, outre lesditz lodz.

« Le moulin de Rosureux, appelé le moulin de la Thonyère, doibt vingt frans de cens annuellement.

» L'autre moulin de Rosureux, appelé le moulin bannal, doibt trois cartes de froment de cense annuellement.

« Tous les héritages qui sont de la seigneurie estantz de mainmorte font escheutte au seigneur, le cas arrivant. Ledit sieur prieur est seigneur hault justicier dans touts les lieux deppendans de ladite seigneurie.

« Les habitans de Solemont qui ne sont pas subjetz de Vaucluse doivent audit sieur prieur une carte de froment de cense par chasque année qui s'appelle le droict de colonge.

« Les subjetz de la seigneurie de Vaucluse résident dans les villages de Vaucluse, Charmoille, Belleherbe, Ebey, la Grange, Droitefontaine, Rosureux et la Roucherotte ayant chevaux, doivent amener les graines dudit sieur prieur qu'il relève dans les villages de Montandon, Soulce, Biefz, Dampjoux, Solemont, Feule, Sancey, Lisle et autres lieux escartez et qui ne deppendent pas de la seigneurie.

« Tous les subjetz de la seigneurie de Vaucluse sont gens de poete et ne peuvent s'assembler en corps sans la permission du seigneur » (1).

Le premier soin de François Marin fut de traiter, comme l'avait fait César de Marnay, avec les religieux de Vaucluse au sujet de leurs prébendes et des bâtiments du prieuré. L'accord fut promptement conclu; il fut signé, le 10 décembre 1682, et ratifié par le chapitre général de la congrégation de Saint-Vanne tenu à Luxeuil, le 6 mai 1683.

Depuis longtemps l'ordre de Cluny méditait de recouvrer les prieurés de Franche-Comté qu'il avait abandonnés. Il les réclama à Louis XIV. Neuf monastères résistèrent, mais Cluny obtint, le 12 septembre 1684, un arrêt qui condamnait les prieurs de Vaucluse, Moutier, Lons-le-Saunier, Vaux, Morteau, Château-sur-Salins et Dôle à reconnaître les supérieurs et les chapitres généraux de l'ordre de Cluny et laissait aux religieux qui formaient ces communautés la liberté d'opter entre Cluny et la congrégation de Saint-Vanne. L'option devait

(1) Archives du Doubs, série H, Vaucluse.

être faite dans les trois mois, à compter de la signification de l'arrêt. Les monastères adjugés à Cluny devaient payer à chacun des religieux qui optaient pour Saint-Vanne une pension annuelle et viagère de 200 livres et une somme de 120 livres une fois payée pour leur ameublement.

Les religieux de Vaucluse optèrent pour Cluny, et, le 15 septembre 1685, le prieur signa le traité qui les réunissait à leur ordre primitif.

A cette époque, le prieuré était dans un état voisin de la misère. L'ancienne sacristie avait été écrasée par le toit qui s'était effondré; le clocher, lézardé, menaçait ruine; l'église avait besoin d'être reblanchie; les nefs latérales devaient être planchéiées, et dom Gabriel Boudret, prieur claustral, demandait, en 1698, que les fenêtres fussent élargies à cause de l'obscurité. De plus, les revenus de la manse conventuelle ne suffisaient plus pour l'entretien des religieux, mais l'habileté de dom Ignace Guéritot, qui était alors sous-prieur; le crédit de dom Hugues Monnot et la libéralité des Bénédictins de Morteau suppléèrent aux ressources. Il est vrai qu'il fallut longtemps pour démolir l'ancien monastère et en construire un nouveau, pour aplanir les jardins, planter le verger, creuser des viviers, amener des fontaines au prieuré, élever des murailles autour d'un vaste enclos, restaurer l'église, meubler des offices, créer une bibliothèque, en un mot pour faire de Vaucluse un établissement convenable. On y parvint et, au commencement du XVIIIe siècle, le prieuré était dans une condition assez prospère pour qu'il y eût douze religieux.

IV. Union du prieuré de Vaucluse a l'Université de Besançon.

Louis XV ayant créé une Faculté de droit à Dijon, le 11 décembre 1722, les intérêts des professeurs de la Faculté de droit de Besançon en souffrirent. Leurs émoluments, qui s'élevaient auparavant à 3,000 livres, se trouvèrent réduits à 1,800. Les professeurs s'en plaignirent à M. de la Neuville, intendant de la province, qui fit faire une enquête. Cette enquête amena la suppression de deux chaires de droit et l'union du prieuré de Vaucluse à l'Université de Besançon. Mais il fut stipulé que cette union n'aurait son entier effet qu'après le décès du prieur actuel, François Marin.

Les revenus de Vaucluse, qui étaient alors de 2,200 livres, furent répartis entre les professeurs de l'Université. Les professeurs de droit devaient en percevoir les trois cinquièmes et le reste devait être partagé entre les professeurs de médecine et de théologie. Quant aux charges, telles que les réparations, etc., elles étaient proportionnelles aux revenus. Le vice-chancelier et les trois distributeurs, qui percevaient chacun 40 livres, et le secrétaire-trésorier de l'Université, qui en percevait 150, en étaient seuls exempts.

Les lettres d'union du prieuré à l'Université sont du 8 janvier 1725 (1).

Le 8 février, Louis XV fit demander au pape de confirmer cette union; les bulles se firent attendre jusqu'au 1ᵉʳ juillet 1729. Bullet, professeur de théologie et recteur de l'Université, et Lefèvre, profes-

---

(1) Voir aux *Pièces justificatives*, nº VII.

seur de médecine, prirent possession de Vaucluse, le 17 mars 1730, selon les cérémonies accoutumées.

Jusqu'à la mort de François Marin (10 juillet 1746), l'Université se contenta de percevoir les revenus du prieuré. Elle y établit un prieur claustral, qui fut dom Hugues Dieulefit; elle se réserva le patronage des cures ou autres bénéfices dépendants du prieuré, ainsi que le choix, l'institution et la révocation des officiers de justice et des gardes seigneuriaux; elle avait la moitié des lods, retenues, confiscations, épaves et échutes mainmortables et la moitié des amendes pour délits de bois, de chasse et de pêche. Quant à la nomination aux cures vacantes, l'Université décida, le 12 mars 1763, par condescendance pour le cardinal de Choiseul, archevêque de Besançon, qu'elle serait faite alternativement par l'archevêque et l'Université, en cas de mort du titulaire seulement. La desserte de l'église paroissiale de Vaucluse, qui avait comme paroissiens les habitants de Vaucluse, Belleherbe, Esbey, Charmoille, la Grange, Rosureux et la Rochotte, continua à être faite par les Bénédictins.

L'entente entre les religieux et l'Université ne fut pas de longue durée. Ceux-là regardaient comme exorbitantes les prétentions des nouveaux possesseurs; ils invoquaient les anciens traités, tandis que l'Université, jalouse de faire valoir ses droits et d'augmenter ses revenus, exerçait sur les religieux une véritable pression. On ne tarda pas à reconnaître, de part et d'autre, la nécessité d'une transaction. Après plusieurs conférences restées sans résultat, les religieux, représentés par dom Hugues Dieulefit et dom Benoît Romand, cellérier du prieuré, et l'Université, représentée par Claude-Odo Guillemin, Charles-Jean-Baptiste Belon et Charles-Joseph Calf, professeurs de droit, conclurent à Besançon, le 28 avril 1758, un traité qui déterminait les droits et les devoirs respectifs des deux parties contractantes (1). Les religieux n'eurent pas la meilleure part. Ils étaient alors au nombre de six : dom Hugues Dieulefit, prieur claustral ; dom Ildefonse Bousson, sous-prieur ; dom Gabriel de Roche, dom Fulgence Pêcheur, dom Hyacinthe Pigeot et dom Benoît Romand, cellérier.

Jusqu'au moment de la Révolution, il ne se passe à Vaucluse rien qui mérite d'être rapporté. Les églises, qui dépendaient autrefois du prieuré, en sont démembrées et forment des paroisses dont les curés sont à la nomination de l'archevêque de Besançon ; grâce à des libéralités de personnes pieuses et à un don de 12,000 livres fait par un Briot de Belleherbe, préfet des dates à la daterie de Rome, les habitants de la Violette, d'Esbey et de Belleherbe font construire une église dans cette dernière localité, mais ils sont tenus de chômer la fête du patron de l'église de Vaucluse, S. Ursin, et d'y assister, ce jour-là, à la messe.

Est-ce vers la fin du XVIIIe siècle que s'introduisit à Vaucluse un relâchement tel que ce prieuré passait pour être le moins régulier de toute la Franche-Comté ? On dit que les mœurs y étaient dissolues et que l'immoralité des Bénédictins était presque passée en proverbe. La discipline n'existait plus. D'après la tradition, on y sonnait encore les matines à deux heures, mais personne ne se levait pour les chanter. Après leur messe, les religieux partaient pour la chasse ou allaient dans les châteaux voisins, où ils dînaient joyeusement avec les

---

(1) Voir aux *Pièces justificatives*, n° VIII.

châtelains, non sans faire brèche quelquefois à la décence ou à la sobriété.

D'après un inventaire du 3 mai 1790, l'argenterie, qui fut envoyée à la Monnaie, le 12 octobre 1791, se composait de deux grandes cuillers, un « pochon », douze couverts, deux calices et leur patène, un reliquaire, un ciboire, un bassin, une paire de burettes, une paix, un encensoir, un ostensoir, une navette et sa cuiller. Le tout pesait 17 marcs, 4 onces (1).

Au moment de la suppression des ordres religieux, il y avait à Vaucluse sept bénédictins prêtres; les revenus du prieuré étaient de 5,000 livres.

V. Vaucluse depuis la suppression du prieuré (2)

En vertu du décret de l'Assemblée nationale qui prononçait la suppression des communautés qui se trouveraient réduites à douze religieux, le prieuré de Vaucluse fut fermé et, lorsqu'au mois de décembre 1790, les Bénédictins furent interrogés sur leurs intentions, ils déclarèrent tous que leur dessein était de retourner dans le monde. L'un d'eux, dom Charlemagne, devint plus tard curé constitutionnel de Vaucluse.

Au moment de la création des comités révolutionnaires, celui de Vaucluse décida, le 5 octobre 1793, que le prieuré servirait de prison aux suspects, que tous ceux qui y seraient enfermés ne pourraient ni recevoir, ni écrire aucune lettre, sans

(1) Archives du Doubs, Q. 405, district de Saint-Hippolyte.
(2) Les pages qui suivent sont un résumé des détails donnés par M. Jules Sauzay dans son *Histoire de la persécution religieuse dans les montagnes du Doubs*, pendant la période révolutionnaire. Les noms des familles sont ici supprimés, pour des motifs qu'il est facile de comprendre.

qu'elle fût examinée par quatre membres du comité; que les parents des prisonniers ne seraient admis à les visiter qu'après avoir été fouillés, et enfin que tous ceux qui seraient gardés à domicile contribueraient aux frais de garde et d'entretien de la prison. Dom Charlemagne et l'instituteur de Cour-Saint-Maurice furent spécialement chargés de surveiller les gardes et de leur partager la besogne, qui devait être assez lourde, car la période révolutionnaire ne fut pas moins tourmentée dans cette région que dans les montagnes.

Le 14 octobre 1793, on enferma à Vaucluse quinze habitants de Valonne; le 24, on incarcéra encore dix-neuf suspects; le 25, trois; le 8 novembre, un, et ainsi de suite jusqu'au 29 juillet 1794, époque où il y avait eu quatre-vingt quatre incarcérations. Dans le nombre des suspects, il y avait eu cinq femmes; plusieurs s'étaient compromis dans l'insurrection dite de la petite Vendée. La partie modérée du comité aurait voulu que les arrestations fussent moins nombreuses et les mesures prises à l'égard des détenus moins rigoureuses. Ceux-ci se plaignirent dans un mémoire adressé aux représentants en mission. « Dans les commencements de la Révolution, disent-ils, la paix régnait dans ce canton, tout s'y faisait avec ordre et justice. Mais après la déportation des prêtres insermentés, leurs successeurs et les adhérents de ceux-ci ont commencé à former une ligue contre ceux qui n'allaient point à leur messe et les ont fait désarmer. Les comités de surveillance ayant été établis, ils ont mis en réclusion, sous le même prétexte et pour quelques propos de prétendu fanatisme, plus de cinquante personnes du canton, pendant qu'autant d'autres couraient les bois, de peur des vexations atroces dont elles étaient menacées. Quels étaient ces prisonniers et ces fugitifs ? C'étaient des patriotes paisibles, des cultivateurs, des chefs de famille qui avaient jusqu'à trois fils dans les volontaires, des vieillards caducs, que l'on transportait en prison sur des chariots, des ouvriers indispensables à leurs familles et à la République, et contre lesquels on avait déjà exercé les plus noires vexations, jusqu'à leur couper les cheveux et à leur imposer des dépenses extraordinaires. On a emprisonné des officiers municipaux, nommés par plus des trois quarts des habitants, et on leur a substitué des ignorants absolument incapables d'administrer les communes. Lorsqu'un arrêté du citoyen Bassal ordonna de mettre en liberté les cultivateurs, le comité de Vaucluse fit tout le contraire. Il fit conduire en prison, même à grands frais, ceux qu'il avait déjà élargis et même ceux qui n'étaient que consignés chez eux. Les frais de translation des prisonniers et leurs frais de garde ont été immenses ; ces derniers se montaient de 600 à 700 livres par mois. Aujourd'hui l'aubergiste de Vaucluse réclame encore plus de 700 livres pour dépenses de boisson faites par les gardes nationaux et autres, lorsqu'ils amenaient les détenus. Les deux membres du comité à qui ces derniers étaient obligés de verser les fonds, n'ont jamais voulu en donner aucune quittance et n'en ont rendu aucun compte. » Après avoir rappelé ce qui s'était passé aux élections cantonales de 1792, ils ajoutaient : « Lors de l'acceptation de l'acte constitutionnel en 1793, les mêmes scènes se reproduisirent. La ligue des prétendus patriotes nomma Charlemagne, curé de Vaucluse, président, ainsi que les autres membres du bureau, sans aller au scrutin. On se rit du peuple, on le berna, on fronda la loi de toutes manières, ce qui fut cause qu'une grande partie se retira sans voter, et que plusieurs communes demandèrent au département un commissaire, pour faire par devant lui l'acceptation de l'acte constitutionnel, car tous étaient disposés à l'accepter. La commune de Rosières envoya même son acceptation directement à la Convention. Aucun des citoyens qui se sont retirés de l'Assemblée n'a refusé de se soumettre aux lois; au contraire, ils se sont efforcés d'être les premiers à fournir toutes les contributions. Pour s'en convaincre, on n'a qu'à vérifier dans les bureaux de l'administration, si ce ne sont pas les communes que les ennemis de la paix appelaient *haricots* et molestaient sans sujet, qui ont toujours été les plus empressées à exécuter les lois ou à faire les fournitures demandées, et les plus occupées aux travaux de la campagne jusqu'à faire aller à la charrue des enfants de sept à huit ans, tandis que leurs adversaires ne s'occupaient qu'à les molester. Ces prétendus patriotes n'ont rien fait pour la patrie, ils n'ont fait ni dons, ni fournitures. C'étaient des gloutons qui couraient les villages pour mettre en réquisition les vins, les viandes salées et tout ce qu'ils trouvaient, tandis que les vrais patriotes ont reçu et fêté à leurs frais les volontaires à leur passage. Nous demandons, en conséquence, que les frais de course et de garde soient supportés par les dénonciateurs ou à leur défaut par la nation et que les détenus soient traités à cet égard aussi favorablement que ceux de Besançon, à qui l'on n'a rien fait payer. Nous demandons qu'un commissaire soit nommé pour informer sur les vexations et extorsions commises et que les armes soient rendues à tous les citoyens ou du moins déposées à la mairie de chaque commune sous la garde de la municipalité. »

Si les détenus osaient adresser aux représentants en mission de pareilles plaintes, c'est qu'elles devaient être justifiées dans une certaine mesure, mais si elles étaient justifiées, comment expliquer qu'ils aient pu suivre le règlement qui leur avait été tracé par l'abbé Roch, de Provenchère, ancien vicaire de Jonvelle? Ce règlement, dit M. Jules Sauzay, fut suivi ponctuellement pendant toute la durée de la détention. A cinq heures et demie, tous les prisonniers se réunissaient pour faire ensemble la prière du matin, suivie d'autres prières pour les besoins spirituels et temporels de la France, et ensuite la lecture et la méditation. A neuf heures et demie, on chantait les prières de la messe, les sept psaumes de la pénitence et les litanies des saints. A trois heures, les vêpres suivies du rosaire médité. A six heures et demie, la visite au Saint-Sacrement, puis le chapelet et la prière du soir. Le reste du temps était employé au travail. Le dimanche, on y suppléait en ajoutant aux exercices ordinaires de piété celui de la congrégation pour les hommes et celui de la conférence pour les femmes. Plusieurs ajoutaient encore d'autres prières et se relevaient la nuit pour y vaquer. On jeûnait le vendredi et quelques-uns jeûnaient tous les jours. L'abbé Roch entretenait avec les prisonniers de Vaucluse une correspondance très active. Il ne leur adressa pas moins de sept lettres générales. Une des premières renfermait le règlement dont nous venons de parler. D'un autre côté, des prêtres cachés dans le voisinage s'introduisirent plus d'une fois, pendant la nuit, par les brèches du mur de clôture du prieuré, et, après avoir confessé, donné la communion et même célébré la messe, ils repartaient avant le jour. Il faut convenir ou que les détenus étaient bien mal gardés ou que la discipline de la prison était singulièrement relâchée ou supposer qu'ils avaient dû payer très cher le silence ou la complicité de leurs gardiens. En tous cas, le fait est assez bizarre pour être signalé.

C'est à Lejeune que la plupart des prisonniers durent, les uns la liberté provisoire, les autres un adoucissement aux rigueurs de la détention. Le 26 avril 1794, les portes de la prison s'ouvrirent pour un grand nombre d'entre eux qui s'empressèrent de regagner leurs demeures. Les autres, sortant sans gêne du prieuré, allaient à la pêche et à la chasse; ils avaient en leur possession trois fusils. Les membres du comité de Vaucluse et Saint-Maurice firent comparaître immédiatement le concierge, qui déclara n'avoir fait aucun élargissement sans ordre formel de la municipalité de Vaucluse. La municipalité fut mandée à son tour, et le maire, J.-Jos. Receveur, répondit que le citoyen Leclerc, délégué par le représentant Lejeune, était venu récemment à Vaucluse pour visiter la maison de réclusion, et que, consulté par les officiers municipaux sur la conduite à tenir à l'égard des détenus, il avait dit, devant témoins, qu'il y avait lieu d'élargir pour quelque temps les prisonniers qui pouvaient être nécessaires chez eux pour les semailles du printemps. Il ajouta que c'était à son insu que les prisonniers restés étaient allés à la chasse et qu'il ignorait complètement d'où venaient leurs fusils.

Le district de Saint-Hippolyte, sur un rapport annonçant que la prison de Vaucluse était en très mauvais état et que les reclus se permettaient d'en sortir pour faire des parties de pêche, de chasse ou de promenade, décida, le 1er mai, qu'un commissaire se rendrait sur les lieux pour aviser, avec la municipalité, aux moyens de réparer les clôtures de cette maison. Le 14 mai, le concierge, reconnu coupable de négligence, fut destitué.

Les détenus, élargis provisoirement pour les semailles, revinrent prendre leurs places en prison. Plus tard, ils sollicitaient de nouveau leur mise en liberté; le 23 juin, le comité de Vaucluse écrivait au district : « Plusieurs reclus nous demandent à tout moment leur élargissement pour aller, pendant quelques jours, vaquer à leurs ouvrages urgents. Il y a des municipalités qui offrent d'en répondre. Tu nous diras quelle marche nous devons suivre. » Le district répondit : « Il n'est pas étonnant de voir que des individus qui ont cherché à trahir leur patrie, et qui, en punition de leur méchanceté, sont condamnés à la réclusion jusqu'à la paix, voudraient sitôt jouir de leur liberté. Si leur repentir était sincère, pourrait-on dire que leur peine a été assez longue? Non, sans doute. Soyons humains, mais ne soyons pas fous. Je vous déclare que moi-même je verrais toutes les pétitions du monde, cela ne m'ébranlerait pas. Je serai ferme. Si quelques-uns de mes collègues ont été tolérants, ce que je ne crois pas, qu'importe? Vos reclus pourraient s'adresser au citoyen Lejeune, qui a tout pouvoir sur les maisons de réclusion. »

Cependant la loi qui élargissait les cultivateurs suspects ne tarda pas à paraître, et le comité révolutionnaire du chef-lieu de district, chargé de son exécution, écrivit, le 17 juillet, au comité de Vaucluse de lui envoyer deux commissaires pour conférer sur les élargissements à prononcer. Le choix tomba sur les deux membres du comité les moins disposés à s'acquitter de cette mission, mais la municipalité de Vaucluse, voyant qu'on manquait de bras dans la commune pour faire les moissons, commença par faire sortir six des prisonniers. Les autres, lassés des lenteurs qu'on apportait à les mettre en liberté, résolurent de s'évader. M. Roch fut le premier qui prit la fuite. Son évasion rappela naturellement l'attention du district sur l'état de délabrement où se trouvait la prison de Vaucluse et sur la facilité qu'elle offrait aux prisonniers pour s'échapper. Un membre émit l'avis de transférer à Besançon les douze ou quinze détenus qui restaient; cet avis fut agréé, mais, quatre jours après, le 15 août, ils s'échappèrent tous, par une fenêtre fort élevée, située du côté du midi, au moyen de plusieurs draps de lit attachés les uns au bout des autres. Cet évènement fut connu le lendemain à Saint-Hippolyte et le district envoya sur-le-champ un commissaire à Vaucluse pour mettre en arrestation le nouveau concierge du prieuré, faire la perquisition des suspects évadés et transférer le reste des prisonniers dans la maison d'arrêt de Saint-Hippolyte, tant à cause du mauvais état de celle de Vaucluse que du danger de confier plus longtemps la surveillance des détenus aux gardes nationaux de ce canton, « dont la plupart, ajoutait le district, ne sont pas animés du saint amour de la liberté. » Mais les fugitifs restèrent libres et, peu après, l'élargissement des derniers détenus fut prononcé.

Depuis et pendant assez longtemps, les bâtiments du prieuré de Vaucluse, dont l'église fut détruite en 1802, par la foudre, furent occupés par une fabrique de toile et de tissus. M⊃gr&/sup; de Rohan, archevêque de Besançon, avait eu l'intention d'y transférer le séminaire d'Ornans, dont l'existence était sérieusement menacée. Vaucluse semblait en effet réunir toutes les conditions voulues, mais ce fut l'ancien couvent des Minimes de Consolation qui fut définitivement choisi.

Les bâtiments du prieuré servent maintenant de logement à la plus importante partie de la population de Vaucluse. On ne se douterait pas, en les voyant, qu'on a devant soi les derniers vestiges d'un monastère dont la plus grande splendeur remonte à plus de mille ans, et que Vaucluse mérita de figurer, dans l'acte du 8 août 870, au nombre des villes et des grands monastères attribués en partage à Louis le Germanique.

PIÈCES JUSTIFICATIVES

I.

1107. — Ponce, archevêque de Besançon, donne Vaucluse à l'ordre de Cluny.

P[ontius], Dei gratia Bisuntinus archiepiscopus, H[ugoni], Cluniacensi abbati cunctisque in Domino subditis fratribus, salutem. Valclusensis ecclesie et prioris Mortue aque Hugonis peticioni juste et qui eam possident principum acquiescere volentes, consensu Bisuntine ecclesie, concedimus Domino Deo et beatis apostolis ejus Petro et Paulo et Cluniacensi ecclesie, cui Hugo abbas preest, omnibusque successoribus ejus Valclusensem ecclesiam habendam et in perpetuo possidendam, salva tamen omni debita subjectione sancte matris Bisuntine ecclesie. S. domni Maineri decani. S. domni Hugonis. S. domni Manasses. S. domni Bernardi. S. domni Alberti. Facta est hec permissio anno ab incarnatione Domini millesimo centesimo septimo, apud Bisuntinam urbem in capitulo Sancti Joannis evangeliste. (Original à la Bibliothèque nationale, Collection de Bourgogne, *Chartes de Cluny*, n° 188; — copie dans dom Chassignet, p. 4; — imprimé dans la *Bibliotheca Cluniacensis*, col. 539).

II.

1134-1140. — Echange de terres avec l'abbaye du Lieu-Croissant.

.... Post annos vero aliquot, primus hujus monasterii abbas Theobaldus et sui fratres commutarunt praedictam terram, locum supradictum scilicet parvum Vagenans cum monachis Vallis cluse. Quod fecerunt per manum Theobaldi de Rubro monte. Qui videlicet Theobaldus immutavit cum monachis Vallis cluse, pro hac terra quam censu tenuerant aliam terram monachi Vallis cluse, Meline sitam, scilicet in eo loco qui Scupta dicitur, in prato allodii sui reddente singulis annis censum trium solidorum, laudantibus hoc eisdem monachis, Vidone tunc priore videlicet Vallis cluse, Richardo et Regnerio et ceteris simul manentibus sacerdotibus, Renardo de Provencheriis, Bouchardo de Fremondans et Corbano de Sancto Mauritio. Testes hujus rei Ebreardus de Boncort, Bordinus et Petrus, filii ejus, et Hugo, frater ejus.

Quando autem dominus Theobaldus de Rubro monte hoc donum super altare posuit coram abbate Theobaldo et omni congregatione, omnes isti testes fuerunt : Robertus de Appenans, Gilbertus de Bournois, Otto [de] Valerial et Gontrannus minor de Jenuale. Brevi post tempore, venit Theobaldus, abbas Loci crescentis, in capitulum monachorum Vallis cluse, ubi idem Vido prior et omnes monachi laudaverunt et confirmaverunt hoc donum et commutationes per manum dicti Theobaldi abbatis cum testibus istis, videlicet Theobaldo de Rubro monte, Raynaldo de Valentiis et Galtero de Grandvillars. (Bibliothèque nationale, Collection Moreau, 874, *Cartulaire du Lieu-Croissant*, fol. 211; — L. Viellard, *Documents et mémoire pour servir à l'histoire du territoire de Belfort*, p. 234-235).

III.

1144 ou 1145. — Donation à Vaucluse par Pierre de Vy du meix « de Torna ».

Notum sit omnibus hominibus quod Petrus, miles de Vi, effectus monachus, dedit mansum de Torna Valleclusensi ecclesiae, quod tenuit Lambertus, pater Garlandi, concedentibus filiis suis Humberto et Hammone. Inde testes sunt Bernardus et Humbertus presbyteri et Vilermus advocatus et Petrus prepositus et alii quamplures, Lucio papa existente, Humberto archiepiscopo, Widone priore, Conrado imperatore. (Dom Chassignet, fol. 105, d'après le Cartulaire de Vaucluse).

IV.

18 avril 1274. — Notification par les religieux de Baume à Yves, abbé de Cluny, de l'élection de Renaud, prieur de Vaucluse, comme abbé de Baume.

Reverendo in Christo patri ac domno Yvoni, divina providencia abbati Cluniacensi, totus conventus Balmensis, salutem et obedientiam debitam et devotam. Paternitati vestre tenore presentium notum facimus quod nos unanimiter et concorditer per viam compromissi virum religiosum fratrem Renaudum, priorem monasterii Vallis cluse, Cluniacensis ordinis, elegimus canonice in abbatem. Unde reverende Paternitati vestre fratrem Jacobum, priorem nostrum Balmensem, et fratrem Gerardum, priorem Sancti Lautheni, transmittimus, quos procuratores nostros constituimus, ad presentandum vobis electionem predictam, supplicantes vobis quatenus super dicta electione quod vestra interest et quod vestro incumbit officio faciatis. Datum Balme, XJIII° kl. maii anno Domini M° CC° septuagesimo quarto. (Bibliothèque nationale, Collection Moreau, 198, fol. 66).

V.

3 décembre 1308. — Jean, prieur de Vaucluse, reconnait avoir reçu, à titre de restitution, une somme de 80 livres estevenantes et déclare renoncer à toute action contre les citoyens de Besançon.

Nos officialis curie Bisuntine notum facimus quod Johannes, prior monasterii Valle cluse, Clugniacensis ordinis, dioecesis Bisuntinensis, confessus est se remisisse civibus Bisuntinis omnes actiones quas habebat et habere poterat occasione captivitatis et detencionis dicti prioris, tempore guerre existentis inter dominum Johannem de Cabilone, dominum de Allato, et cives Bisuntinos, confitens se recepisse, nomine restitucionis, quatuor viginti libras stephanienses. Datum III non. decembris anno Domini M. CCC. VIII. (*Mémoires de l'Académie de Besançon*, 1839, p. 101.)

VI.

Inventaire du mobilier de Vaucluse, en 1637, après la mort du vicomte de Marigny, prieur de Vaucluse (extraits).

« Premièrement sur le grand autel un tabernacle de bois doré, dans lequel repose le ciboire d'argent où se met le saint Sacrement, ensemble d'une lunette aussy d'argent armoyé des armes du fut seigneur de Balerne;

Item trois calix, deux desquelz sont dorrez en plusieurs endrois, avec les platines, le troisieme estant sans armes; messieurs les religieux ont déclaré est cely de la paroisse;

Item un reliquiaire d'argent armoyé des armes dudit sieur de Balerne, jadis prieur;

Item un aultre reliquiaire d'argent fort viel et ancien, où sont les relicques sainct Orcin et aultres;

Item deux chandeliers de cuyvre;

Deux anges de bois dorré;

Un image de saincte Foy estant en bois, où reposent les reliques de madame saincte Foy, sainct Ustache et sainct Sebastien;

Item une croix couverte de lame de cuyvre, avec le crucifiz y pendant;

Item un tableau dorré contenant le crucifiement et passion de Nostre Seigneur;

Item un tableau devant ledit autel, où est despeing le corronnement de Nostre Dame, avec plusieurs aultres figures mistérieuses, avec l'encloz de deux ventaulx de bois peing;

Item trois nappes sur ledit autel, l'une de toille simple et l'autre ouvragée et couverte d'une toille verte assé usée;

Encor dans ledit cœur s'est retreuvé un armoire de sapin peing estant de costé gaulche dudit grand autel, où s'y sont retreuvé les ornementz suigans :

Premièrement une chapelle de damas blans avec les deux tunicques, la chappe, manipule et estaulle, avec les croix et offroys de brocadelle à fons d'or, armoyez dudit sieur de Balerne;

Item un aultre assortissement de damas gris et orenge, avec la croix et offroy de brocadelle et à fons d'or, ensemble de deux tunicques, la chappe, les manipules et estaules;

Item un aultre assortiment de camelot rouge avec un crucifix estant en la chasulle, les deux tunicques, une chappe, deux manipulles et deux estaulles, le tout armoyé des armes de Messieurs de Thiesbach, jadis prieurs dudit priorey;

Item une chasulle, deux tunicques, une chappe d'estoffe grise avec les croix en parrementz violetz, armoyez des armes desdits sieurs de Diesbach;

Encor un aultre ornement assorty d'une chasulle et deux tunicques, une estaulle et une manipulle estant de futaine peinte fort usée, avec les parementz d'offrois jaune et rouge;

Plus une chasuble de damas orange et rouge, avec un passement d'argent, avec l'estaulle et manipulle armoyez des armes dudit fut sieur de Balerne;

Item un ornement servant de poille à porter le saint sacrement, estant de damas violet et orenge, garny de franges de soye de mesme couleur.

Dans ledit armoyre se sont treuvez les linges qui s'ensyent :

Deux grandes courtines dont l'on se sere en caresme pour fermer le cœur et les aultres pour fermer et boucher les images de ladite église;

Item dix-huit aubes de toille, avec les amis, tant bonnes que vielles.

De l'autre costé dudit autel il y a un aultre armoire enfoncé dans la muraille ; s'y sont treuvé les vases d'estaing des sainctes onctions :

Item un ciboire d'estaing pour porter le saint sacrement aux malades.

Du mesme costé et proche ledit armoyre y a un coffre, où s'y sont treuvé seze nappes servants aux autelz.

Proche dudit coffre et au ban d'icely s'y est retreuvé un aube.

Devant le grand autel s'y est retreuvé un chandelier de fer appte à mettre sept cierges, auquel pend un ensensoir de cuyvre et au dessus pendent deux lampes de fer.

Au milieu dudit cœur s'y est retreuvé un porpitre de bois de noubier, en forme de buffet, armoyé des armes dudit fut seigneur de Balerne.

Item y a encor audit cœur deux misselz de vielle impression, selon l'usage de Cluny, qui sont fort vielz ;

Item deux livres servans de psaultier, un graduel et trois anthiphonaires.

Au bas du cœur le conferont de camelot rouge où sont les images de sainct Pierre et sainct Benoist, avec les armes Messieurs de Diesbach.

De là avons passé en la sacristie, qui est à main gaulche du grand autel, où y avons treuvé les ornementz qui s'ensuyent :

Premièrement une chasuble de damas couleur verte assortie de manipules et estaulles, la croix estant de satin rouge, au bas de laquelle sont les armes dudit fut seigneur de Balerne ;

Encor deux aultres chasubles, l'une de camelot noir, avec un passement de soye blanc et noir, l'autre d'estoffe de laine verte et orengée, la croix rouge et blanche, assorties de chacunes d'estaulles et manipulles.

Dans ladite sacristie s'y sont retreuvez deux grandz chandeliers de bois pour servir au cœur pendant l'hyver et aux matines.

De l'autre costé dudit grand autel avons passé en une chappelle appellée la chapelle du sainct Rosaire.

Sur l'autel de ladite chappelle y a trois nappes, avec la couverte de toille vert :

Deux chandeliers d'estaing ;

Le tableau et le devant d'autel en destrampe.

Au costé gaulche un tableau à huille représentant Nostre Dame des septz douleurs.

Du costé droit est un tableau de crucifix en detramppe.

Devant lequel autel est une lampe de fer pareille à celles dudit cœur.

Passant en la nefz de ladite église y avons veu deux autelz joinians à l'entrée du cœur.

L'un estant du costé gaulche est celuy de la paroisse, sur lequel avons veu une chasse de bois où reposent les reliques de sainct Urcin et plusieurs aultres.

Sur ledit autel est un tableau doré auquel sont despeinctz les images de sainct Pierre et sainct Paul, au milieu desquelz est celles de sainct Urcin en bosse dorrée ;

Item deux pendens, deux courtines de buret violet pour boucher et couvrir ledit autel.

Sur ledit autel sont trois nappes couvertes d'un tapis bleuz.

Le devant d'autel fort ancien est de matière et estoffe de soye.

Sont encor sur icely quatre chandeliers, deux de cuyvre et deux d'estaing.

A la main gaulche dudit autel y a une croix de cuyvre et un crucifix et quatre groz cierges que lesdits sieurs religieux ont declaré deppendre de la paroisse.

A main droitte de la porte dudit cœur y a un aultel dit et appellé cely du sainct Rosaire, embelli et orné par le sieur

Chatelain Guedot, sur lequel sont trois nappes, un tapis de cuir rouge, un tableau de Nostre Dame, les images sainct Antoine, sainct Joseph, saincte Veraine et Nostre Dame en reliefz, avec un crucifix, les images de Nostre Dame et sainct Jean, le tout de bois peingz avec quelques dorrures et le devant d'autel en destrampe.

Devant ledit tableau y a un grand rideau de burat bleuz et un petit confalon de damas blanc, où est l'image de Nostre Dame.

Au milieu de ladite naif est le confaron de ladite paroisse estant de damas rouge, de l'un des costez duquel est un crucifix, de l'autre les images sainct Urcin et sainct Pierre.

Au premier pillier du costé gaulche y a encor un aultel desdié à sainct Blaise, couvert d'un meschans tapis de poil et sur icely est un tableau representant l'image de saincte Foy et l'adoration des trois roys, l'anchassure dudit tableau estans de bois de nouhier, lesdits ornementz faictz aux frais de dom Rolin Mareschal, soubprieur et sacristain dudit priorey.

(Suit un inventaire des titres du prieuré, dont les plus anciens ne remontent pas au delà de la fin du XVe siècle.)

[Inventaire du mobilier.]

Et ayant passé au reffectoire aultrement dit le poisle, y avons treuvé une grande table de bois de chesne, avec un grand banc de mesme bois;

Item un buffet, aussy de bois de chesne, et une armoire de pareil bois.

. . . .

Peu après nous avons passé en la cuysine dudit priorey et y avons treuvé les ustensilz suyvans à nous indicquez par Blaise Bouson, servante, après avoir presté le serment en tel cas requis:

Premier, quatre potz de cuyvre, le plus grand de la contenance d'une seillée;

Deux aultres moindres de la contenance de demye seillée;

Item un aultre plus petit;

Plus un pot de fer avec le couvercle de matière jaune;

Une chauldière de la contenance d'une seille, icelle chauldière de matière blanche:

Item une aultre chauldière de la contenance d'une seille, icelle chauldière de matière blanche;

Item une aultre chauldière de la contenance de deux seilles, estant icelle de matière rouge;

Un chaulderon de matière rouge propre à cuire poisson:

Une vielle casse de matière blanche;

Un bassin de matière rouge;

Une bassinoire de matière blanche;

Un plat bassin de mesme matière;

Un viel bassin de matière rouge;

Trois chandeliers de louton;

Trois hastes de fer;

Un fer de gauffres, armoyé des armes du seigneur de Thiesbach;

Une pesle fritoire;

Une laiche froye;

Deux chapplechoux;

Deux groz andriers de fonte;

Une chèvre de fer propre à supporter haste;

Une grille de fer;

Deux cremacles;

Une pasle de fer;

Un aultre chaulderon de matière rouge;

Un petit mortier de matière de cloche;

Quatre potz d'estaing et deux esguières et encor un flaccon et une sallière aussi d'estaing, le tout pesant vingt-trois livres;

Vingt et une assiettes d'estaing pesant diz-neufz livres et demye;

Sept escuelles d'estaing, tant bonnes que meschantes, pesans cinq livres et demye.;

Seize platz, tant grands que petitz, avec un plat bassin, le tout d'estaing, pesans trente-trois livres; le tout armoyé des armes dudit seigneur de Thiesbach;

Un tenoille propre à faire la lissive;

Une vielle arche de bois de chesne;

Deux tables de bois de foug;

Un buffet ou garde manger de bois de chesne.

Et dois la cuisine avons passé en la chambre y joingnant, où s'y sont treuvé les meubles cy après descript :

Un viel buffet de chesne, une partie déferré;

Un aultre buffet de bois de tillot;

Deux tables de sapin et un banc du mesme bois;

Un viel coffre de bois de tillot;

Un marchebanc de sapin;

Une carte universelle;

Une aultre contenant deux globes;

Un image de saincte Marthe en destrampe.

En la chambre suyvante, où nous sommes entrez, sy est treuvé ce que s'ensuit :

Quatre peintures représentant les quatre saisons de l'année;

Une aultre représentant la Terre saincte;

Une aultre représentant le paradis terrestre;

Une aultre représentant le mauvais riche;

Un viel buffet de bois de tillot, estant icelly sans serures,

Et une table de nouhier qui se tire aux deux boutz.

En la troisième et dernière chambre y avons aussy treuvé les meubles suyvans :

Un viel chalit de nouhier avec la garniture;

Deux couchettes de mante, l'une verte et l'autre blanche;

Un materat;

Un lict de plume;

Un travert de plume;

Une couchette aussy de nouhier, avec un ciel et les rideaulx vert;

Un lit en travers de plumes, avec la mante verte estans dessus ladite couchette;

Une table de bois de cerisier qui se tire aux deux boutz;
Trois chères à bras et huis caquetoires de nouhier;
Un viel buffet de chesne;
Une petite peinture en destrampe représentant l'Anonciation Nostre Dame;
Un crucifix en taille doulce, avec son enchassure;
Une Nostre Dame en destrampe;
Une petite carte du comté de Bourgogne;
Une sainte Margueritte en destrampe;
Le portrait d'un religieux de Cluny;
Six vielles pantes de tapisserie, trois d'une façon et trois d'une aultre;
Un meschant coffre de sapin;
Deux andriers de fonte.
Au dessoubz de l'escallier montant en la chambre neufve:
Une petite carte du royaulme d'Espagne;
Un tableau représentant le divin philosophe, contenant plusieurs sentences.

En ladite chambre neufve où avons passé avec lesdits sieur administrateur et religieux ne s'y sont retreuvé aulcuns meubles de quelque espèce que ce soit, et dez icelle avons passé en une aultre joingnante.

Nous y avons treuvé un grand garderobbe de sappin fermant à deux serrures;
Une vielle table ronde de bois de tillot;
Et un viel marchebanc de mesme bois;
Au cabinet de ladite chambre s'y est retreuvé un viel marchebanc de sapin.

En une aultre petite chambre suyante:
Une grande couchette de sapin sur laquelle estoient deux lictz et un travert de plumes, une vielle manthe rouge et un viel lodier.
Une vielle table carrée avec un meschant banc et une quaquetoire de bois de plaine.
Au cabinet d'icelle y avons treuvé un grand challit de chesne.

En la grande chambre derier ledit cabinet :

Un grand chalit sans font ;

Deux petitz lictz de plumes avec leurs travers et un lodier.

En la chambre de ladite servante s'y sont treuvez deux chalitz de bois de sapin ;

Un lict de plumes avec son travert ;

Un lodier ;

Deux andriers de fonte.

En la chambre du colombier s'y est treuvé un meschant lict de plumes.

(Suit un inventaire des ornements de la chapelle de Rosureux, dépendant de Vaucluse et desservie par un religieux du prieuré, un inventaire des titres de Vaucluse conservés au château de Châtillon, tous modernes).

De plus ledit sacristain par son avant dit serment presté *ad pectus* nous a declaré qu'au temps du decès et trespas du sieur vicomte de Marigny, dernier prieur, la salle haulte estoit tapissée d'une pante de tapisserie de Bergame toute neufve et assortie d'un chalit, avec un tour de lict de sarge violette garny de franges ;

De deux tables de bois de nouhier ou chesne ;

Item de deux grandes chères et quatre petites, les dou et siéges de cuir doré ;

Item trois matelatz de laine couvers de futaine, deux noir et l'autre blanc ;

Item une mante verte et une aultre pendante, avec des franges de mesme couleur que l'assortissement cy dessus.

Item environ vingt-deux assietes d'estain et trente-trois platz marquez à la marque du fut seigneur de Balerne qui les avoit faict faire à ses fraiz ;

Item deux andriers de louton, tous lesquelz meubles en avoient esté distraitz par Claude Mandrillon, homme de chambre dudit fut vicomte de Marigny. »

(Archives du Doubs, série H, Vaucluse.)

VII.

*8 janvier 1725. — Lettre d'union du prieuré de Vaucluse
à l'Université de Besançon.*

Aujourd'huy huitième du mois de janvier 1725, le Roy étant à Marly, il luy a été représenté par l'Université de la ville de Besançon au comté de Bourgogne que l'établissement qui a été fait d'une pareille Université dans la ville de Dijon luy ayant causé un préjudice considérable, elle a demandé à Sa Majesté qu'il luy plust, pour l'indemniser des pertes qu'elle a souffertes en cette occasion, donner son consentement pour l'union du prieuré de Vaucluse de l'ordre de Cluny, diocèse de Besançon, à ladite Université de Besançon. A quoy ayant égard et voulant la traiter favorablement, Sa Majesté a consenty et consent que ledit prieuré de Vaucluse et ses revenus soient unis, annexés et incorporés à perpétuité au corps de l'Université de Besançon, pour en jouir après le décès du sieur Marin, qui en est à présent titulaire, m'ayant Sa Majesté commandé d'expédier toutes lettres et dépesches nécessaires en cour de Rome pour l'obtention des bulles de ladite union et cependant pour assurance de sa volonté le présent brevet qu'elle a signé de sa main et fait contresigner par moy conseiller, secrétaire d'Etat et de ses commandement et finances.

Louis. Contresigné: Phelippeaux.
(Archives du Doubs, série D, Université, 55).

VIII.

*28 avril 1738. — Traité passé entre les religieux de
Vaucluse et l'Université de Besançon.*

Art. 1. — MM. de l'Université de Besançon accordent aux RR. PP. Bénédictins de Vaucluse à perpétuité le produit des deux tiers de chaque assiette dans la forêt du prieuré située à Vaucluse, l'autre tiers demeurant réservé à MM. de l'Université, moyennant quoi les frais de baillivage, martelage et autres concernant l'exploitation desdites assiettes seront supportés, sçavoir un tiers par MM. de l'Université, les deux autres tiers par lesdits religieux, auxquels il sera libre d'établir un ou plusieurs gardes à leurs frais pour la conservation de ladite forêt, à charge d'en obtenir l'institution de MM. de l'Université et de leur faire prêter le serment en la justice dudit lieu et y faire leurs rapports et non ailleurs, en outre et en considération du présent traité, les deux tiers des dommages et intérêts de tous les délits qui se commettront dans lesdites assiettes, sauf des arbres de réserve, l'autre tiers demeurant réservé à MM. de l'Université avec la totalité des dommages et intérêts, en ce qui touche lesdits arbres de réserve seulement, comme aussi la totalité des amendes.

Art. 2. — MM. de l'Université ne feront aucune diminution, ni retenue aux RR. PP. sur leurs prébendes, pour raison du vingtième et dixième et autres impositions.

Art. 3. — Les quartes mortuaires et les deniers seront à l'avenir et à commencer au 1ᵉʳ janvier dernier, partagés entre Messieurs de l'Université et les RR. PP. Bénédictins de Vaucluse par moitié, sans aucune espèce de garantie de part, ni d'autre, ni diminution d'aucun article porté au présent traité.

Art. 4. — Les dîmes novales présentes et futures resteront en entier à MM. de l'Université et seront par eux perçues comme elles l'ont été du passé, sans que lesdits RR. PP. puissent jamais y rien prétendre, y renonçant en tant que de besoin, même à celles qui furent mises en séquestre en l'an 1756.

Art. 5. — MM. de l'Université feront délivrer annuellement auxdits RR. PP. un bichot de froment pour l'office du sacristain qui leur sera délivré en espèce pour la présente année et en valeur ou en espèce pour l'année dernière au choix des fermiers actuels de MM. de l'Université.

Art. 6. — MM. de l'Université feront délivrer annuellement auxdits RR. PP. les deux muids et demi de vin par chaque prébende à la mesure de Franche-Comté, comme du passé et conformément au traité de 1682.

Art. 7. — Lesdits RR. PP. déclarent et reconnoissent n'avoir aucun droit à demander soit pour le présent ou pour l'avenir aucun supplément de portion congrue pour raison de la desserte du vicariat de Vaucluse.

Art. 8. — MM. de l'Université consentent que les traités d'acensement des 27 novembre 1714 et 11 octobre 1717 concernant les moulins et usines actuellement existans sur le bief de Vaux soient exécutés selon leur forme et teneur.

Art. 9. — En considération de tous et un chacun les relâches et conditions cy-dessus et encore moyennant la somme de 110 livres, monnoye du royaume, que MM. de l'Université promettent et s'obligent de payer ou faire payer par chaque année en deux payemens égaux, de six mois en six mois, à commencer du 1er janvier de la présente année, lesdits RR. PP. se chargent dès à présent et à perpétuité en premier lieu de faire toutes réparations grosses et menues et reconstructions dans les toits et couverts tant des lieux réguliers que de l'église prieurale et paroissiale, an ce qui touche le chœur de ladite église, le sanctuaire, la coquille et la portion des deux nefs adjacentes, à la prendre à l'alignement du bas du chœur, comme aussi d'entretenir les murs desdits lieux réguliers et des susdites parties de l'église prieurale et paroissiale, les murailles d'enclos de leur monastère, jardins et vergers, cours et dépendances, d'entretenir et de reconstruire la chapelle de Rosureux. Fait à Besançon, le 28 avril 1758.

(Archives du Doubs, série D, Université, 121.)

TABLE [1]

A

Adalbéron, évêque de Bâle, 7.

Adam et Eve (Tableau représentant), 46.

Alexandre VI (Le pape) donne Vaucluse en commende à Jean, archevêque de Raguse, 37; — puis à Nicolas de Diessbach, 38.

Amé de Montbéliard, seigneur de Montfaucon, 11.

Amédée, 4.

Amédée de Toissenère, prieur de Vaucluse, 35.

André de Saint-Nicolas (Le P.), auteur d'une notice sur Vaucluse, 2, 5, 7, 22, 32, 37, 41, 42. — Son opinion sur l'origine de Vaucluse, 3.

Antoine de Chalant (Le cardinal), prieur de Morteau, 33.

Antoine de Roche, prieur de Morteau, 37.

Archives nationales de Paris (Notice sur Vaucluse conservée aux), 1.

Aremberg (Le prince d'), 43, 44.

Arviler (Terre d'), acquise par Gui, prieur de Vaucluse, 8.

Aussonvelle (Moulin d'); redevances à Vaucluse, 47.

B

Bâle. Coadjuteur de l'évêché. V. Diessbach (Nicolas de). — Evêques. V. Adalbéron, Ortlieb.

Balerne (Abbé de). V. Bauffremont (Claude de).

Bassal, 56.

Battefort (Antoine - François de), abbé de Rosières, prieur commendataire de Vaucluse, 42.

Battenans (Revenus et justice à), donnés par le sire de Belvoir à Vaucluse, 13; — redevances à Vaucluse, 46.

Bauffremont (Claude de), grand-chantre à l'église métropolitaine de Besançon, abbé de Balerne, prieur commendataire de Vaucluse, 40; — traite avec les religieux pour leur vestiaire, 41.

---

(1) Conformément à un usage établi, les personnages antérieurs au XVI° siècle sont classés dans l'ordre alphabétique des prénoms.

Bauffremont (Claude de), baron de Scey, donne aux religieux de Vaucluse 1,000 livres pour une fondation, 40.

Bauffremont (Claude-François de), chanoine et grand-chantre de l'église métropolitaine de Besançon, prieur commendataire de Vaucluse, 41, 42.

Baume. Abbaye, 12. — Abbé, 11, 18, 25. — V. Renaud, prieur de Vaucluse.

Baume (De). V. Jean.

Belleherbe, dépendance au spirituel de Vaucluse, 37, 52; — redevances à Vaucluse, 46, 47, 48, 49; — construction de l'église, 53.

Belmont; redevances à Vaucluse, 46.

Belon (Charles-Jean-Baptiste) traite avec les religieux de Vaucluse, au nom de l'Université, 52.

Belvalet. V. Edmond.

Belvoir (Le sire de) fait des donations à Vaucluse, 13; — vend ses droits sur le prieuré, 21.

Besançon, 15. — Archevêques, 17; chargé de l'administration du prieuré de Vaucluse, 18, 19, 20. — V. Choiseul (Le cardinal de), Hugues III, Hugues IV, Humbert, Ponce, Rohan (De). — Chapitre. Prévôt. V. Diessbach (Gabriel de). — Eglise métropolitaine. Grand-chantre. V. Bauffremont (Claude de) et (Claude-François de). — Eglise Saint-Etienne. V. Diessbach (Nicolas de). — Saint-Vincent. Abbé. V. Pierre de Montfort. — Union du prieuré de Vaucluse à l'Université, 51; — traité réglant les droits des deux parties, 53.

Bibliothèque nationale de Paris (Notice sur Vaucluse conservée à la), 1.

Bief; redevances à Vaucluse, 46, 49.

Blamont (Aliénation des biens de Vaucluse sis dans la seigneurie de), 38.

Boudret (Dom Gabriel), prieur claustral de Vaucluse, 50.

Bourgogne (Dénombrement des fiefs du comté de), 12.

Bousson (Dom Ildefonse), sous-prieur de Vaucluse, 59.

Boyvin (Marin), doyen de l'église collégiale de Dôle, prieur commendataire de Vaucluse, 42, 43.

Bretenois (Dom Pierre), sacristain de Vaucluse, 42.

Bretonvillers (Assignation de revenus sur le four de) par le sire de Belvoir à Vaucluse, 13; — redevances à Vaucluse, 46.

Briot, préfet des dates à la daterie de Rome, 58.

Bullet, recteur de l'Université de Besançon, professeur de théologie, prend possession du prieuré de Vaucluse, 51.

Burchard, 4.

Burdet. V. Jean.

C

Calf (Charles-Joseph) traite avec les religieux de Vaucluse, au nom de l'Université, 53.

Cerlier ou Erlach, 33. — V. Jean du Vernois, Léonard de Cléron.

Chalant (De). V. Antoine.

Chamesey, 13; — redevances à Vaucluse, 46, 48.

Charlemagne (Dom), religieux, puis curé constitutionnel de Vaucluse, 54; — chargé de la surveillance des gardes de la prison du prieuré, 55, 56.

Charmoille, dépendance au spirituel de Vaucluse, 37, 52; — redevances à Vaucluse, 46, 47, 48, 49.

Chassignet (Dom Constance), auteur d'une notice sur Vaucluse, 1, 2, 4, 6, 7, 33, 37, 44.

Château-sur-Salins, 1, 49. — Prieur. V. Gui d'Usier.

Châtillon, 11.

Chaux-les-Clerval (Prieuré de), assigné au prieur de Vaucluse, 10.

Choiseul (Le cardinal de), archevêque de Besançon, 52.

Chremaille. V. Estevenin.

Claude de Rye, prieur commendataire de Vaucluse, 37.

Clément X (Le pape) refuse de reconnaître Charles-François de Gand comme prieur de Vaucluse, 44.

Clerc (M. Ed.). Son opinion sur l'origine de Vaucluse, 3.

Cléron (De). V. Léonard.

Cluny, 15, 28, 29, 34; — Vaucluse lui est attribué, 5; — confirmé par Pascal II, 5, 6; par Honorius II, 6; Innocent III, 9; Grégoire X, 9; Nicolas IV, 9. — Abbés, 17, 18, 19, 22, 25, 32. V. Hugues, Odon, Pierre le Vénérable, Ponce, Robert, Yves. — Actes des chapitres généraux concernant Vaucluse, 2, 10, 13, 15, 17, 18, 19, 20, 21, 22, 23, 24, 25, 26, 27, 34. — Procès-verbaux de visites concernant Vaucluse, 2, 9, 10, 13.

Colin (Dom Jean), sacristain de Vaucluse, 39.

Colombier (Le prieur de), visiteur, 15.

Conradus imperator, 8.

Cornuel. V. Symonnin.

Cossonay (De). V. Guillaume.

Cour; redevances à Vaucluse, 46.

Cugnotet (Dom Jean), sacristain de Vaucluse, 39.

Cusance, 2.

Cusance (De). V. Jehannin.

D

Damjoux (Eglise de), dépendante de Vaucluse, 36; — redevances à Vaucluse, 46, 48, 49.

Dampierre (Aliénation de biens du prieuré de Vaucluse sis à), 38; — église de Dampierre, dépendante de Vaucluse, 36.

Dannemarie (Eglise de), dépendante de Vaucluse, 36.

Dannemarie (Le prieur de), visiteur, 11.

Dessoubre, 2, 13.

Diessbach (Esther de), 40.

Diessbach (Gabriel de), prévôt du chapitre de Besançon, prieur commendataire de Vaucluse, 39, 40.

Diessbach (Georges de), 39.

Diessbach (Jean-Rodolphe de), 38.

Diessbach (Louis de), 38.

Diessbach (Maurice de), chanoine et official de Besançon, prieur commendataire de Vaucluse, 40.

Diessbach (Nicolas de), prieur de Motier-Travers, prévôt de Saint-Ours de Soleure, prieur de Granson et de Vaucluse, coadjuteur de l'évêché de Bâle, 38; — vend des biens de Vaucluse, 38; — fait ériger la croix de la Baume, 39; — inhumé à Saint-Etienne de Besançon, 39.

Diessbach (Sébastien de), 40.

Dieulefit (Dom Hugues), prieur claustral de Vaucluse, 52, 53.

Dôle. Collège, 49. — Principal. V. Richardot (Dom Gérard). — Eglise collégiale. Doyen. V. Boyvin (Marin).

Domprel (De). V. Jacques.

Dondano (De). V. Guillaume.

Droilley. V. Jehans.

Droitfontaine; redevances à Vaucluse, 46, 47, 49.

Droz des Villars (Notice sur Vaucluse, conservée dans la collection de M.), à Besançon, 1.

Dunod, 7.

E

Edmond Belvalet, prieur de Saint-Jean-de-Lône, puis de Vaucluse; définiteur au chapitre général, sa bonne administration, 35, 36, 37; — accord avec le comte de Neufchâtel, au sujet du droit de gîte, 36; — dernier prieur régulier et premier commendataire, 36.

Elyon de Lantenne, prieur de Vaucluse, puis abbé de Lure, 35.

Enfant Jésus (Tableau représentant l'), 46.

Eptingen (Barbe d'), 40.

Erlach ou Cerlier. V. Jean du Vernois, Léonard de Cléron.

Esbey, 53; — dépendance, au spirituel, de Vaucluse, 37, 52; — redevances à Vaucluse, 46, 47, 48, 49.

Estevenin Chremaille, 31.

Etienne, comte de Bourgogne, assiste à la consécration de l'église de Vaucluse, 4.

Etienne, sacristain de Vaucluse; ses démêlés avec le prieur, 32.

Ève. V. Adam.

F

Fauche de Domprel (Jean-Jacques), prieur de Morteau, visite Vaucluse, 41.

Fauquier. V. Jean.

Feule; redevances à Vaucluse, 46, 49.

Flangebouche, 11.

Foillon (Famille); redevances à Vaucluse, 47.

Fremondans; redevances à Vaucluse, 46.

Friolais; redevances à Vaucluse, 46.

Froidefontaine (Enquête sur les actes du prieur et de deux religieux de), 25.

Funans; droits dus à Vaucluse, 48.

G

Gand (Charles-François de), prieur commendataire de Vaucluse, mais non reconnu par le pape Clément X, 43, 44.

Gand (François-Albert de), prieur commendataire de Vaucluse, 44.

Gand (Philippe-Balthazar de), 44.

Gauthier (M. Jules), archiviste du département du Doubs, 2.

Gaya (De). V. Pierre.

Geoffroi du Vernois, prieur de Moutier-Hautepierre, chargé de terminer le différend entre Jean du Vernois, prieur, et Etienne, sacristain de Vaucluse, 32.

Girard, prieur de Saint-Lauthein, 12.

Girin Marin ou Gui Martin, prieur commendataire de Vaucluse, 37.

Gonsans (De). V. Lambert.

Granson (Prieur de). V. Diessbach (Nicolas de).

Grégoire X (Le pape) confirme à Cluny la possession de Vaucluse, 9.

Guelfe, 4.

Guéritot (Dom Ignace), religieux de Vaucluse, 50.

Gui, prieur de Vaucluse, 7 ; — échange avec Thiébaud, abbé du Lieu-Croissant, 7 ; — acquiert la terre d'Arviler, 8 ; — une seconde fois prieur (?), ou un autre prieur de ce nom, 9.

Gui d'Usier, prieur de Vaucluse, 32 ; — doyen de Vergy, 32 ; — administrateur du prieuré de Morteau, prieur de Château-sur-Salins, abbé de St-Claude, 33.

Gui Martin, ou Girin Marin, prieur commendataire de Vaucluse, 37.

Guillaume, comte de la Roche, 11.

Guillaume, prieur de Vaucluse, peut-être le même que Guillaume de « Dondano. » Acte relatif au droit de gîte du comte de Neufchâtel, 29, 30, 31.

Guillaume de Cossonay, prieur de Vaucluse, 32 ; — sa bonne administration, 23 ; — nommé visiteur de la province d'Allemagne, 23.

Guillaume de « Dondano », prieur de Vaucluse ; définiteur au chapitre général de Cluny ; félicité pour sa bonne administration, 26.

Guillaume de Perrière ou de la Perrière, prieur de Vaucluse, définiteur du chapitre général, 34 ; — prieur de Précy, 35.

Guillemin (Claude-Odo) traite avec les religieux de Vaucluse, au nom de l'Université, 53.

H

Haller (Bourcard), 40.

Hiver. V. Printemps.

Hugo (Fr.), qualiscumque monachus, compilateur d'un cartulaire de Vaucluse, 6, 7, 9.

Hugues, abbé de Cluny, 9.

Hugues III, archevêque de Besançon. La possession de Vaucluse lui est confirmée par Urbain II, 4 ; — il consacre l'église de Vaucluse, 4.

Hugues IV, archevêque de Besançon, chargé de l'administration du prieuré de Vaucluse, 20.

Hugues, prieur de Morteau, 5.

Hugues, p.-ê. Hugues de Vauclusotte, religieux de Vaucluse, frappé et blessé par le curé de Vaucluse, 16, 17.

Hugues de Nans, religieux de Vaucluse, querelleur et insolent, 29.

Humbert, archevêque de Besançon, 7.

Humbert, comte de Montbéliard, 4.

Humbert, prévôt de Romainmotier, 8.

I

Innocent III (Le pape) confirme à Cluny la possession de Vaucluse, 9.

J

Jacques, prieur de Cluny, 12.

Jacques, prieur de Vaucluse, 14.

Jacques de Domprel, prieur de Vaucluse, 19, 20.

Jacques de Mièges, prieur de Vaucluse, puis de Pontarlier, où il emmène le bétail du prieuré de Vaucluse, 18.

Jean, archevêque de Raguse, prieur commendataire de Vaucluse, 37.

Jean Burdet, prieur de Moutier-Hautepierre, 34, 35.

Jean de Baume, 32.

Jean Ier de la Roche, 14; — gardien et bienfaiteur du prieuré de Vaucluse, 9; — abandonne au prieuré sa dîme sur les prés d'Orgeans et d'autres revenus à Montandon et à Soulce, 9; — est inhumé à Vaucluse, 9.

Jean, prieur de Vaucluse, 20, 21; — pris et détenu pendant une guerre entre Jean de Chalon et les habitants de Besançon, renonce à toute action contre les habitants de Besançon, 19.

Jean du Vernois, prieur de Vaucluse, 32, 39; — ses démêlés avec Etienne, sacristain, 32; — visiteur, 32; — prieur de Morteau, 32; — abbé de Cerlier ou Erlach, 33, 34; — visiteur, 34.

Jean Fauquier, prieur de Saint-Jean-de-Lône, 34, 35; — prieur de Vaucluse, 35.

Jean Mongnet ou de Saint-Maurice, religieux de Vaucluse, mauvais sujet; excommunié, 28.

Jehannin de Cusance, 11.

Jehans Droilley, 31.

Jeunet (Dom Maur), religieux de Vaucluse, 45.

Jules II (Le pape), 38.

L

Labouquet (Bernardin) essaie de se faire pourvoir du prieuré de Vaucluse, 38.

La Grange, dépendance, au spirituel, de Vaucluse, 37, 52; — redevances à Vaucluse, 46, 47, 48, 49.

La Lizerne, concédée à Vaucluse, 9; — redevances à Vaucluse, 47.

Lambert de Gonsans écarté du prieuré de Chaux-les-Clerval, 10.

— 87 —

Outhenin (Henri), nommé par Rome prieur commendataire de Vaucluse, 42.

P

Pascal II (Le pape) confirme la donation de Vaucluse à Cluny, 5, 6; — passe à Saint-Hippolyte (Saône-et-Loire), 6.

Paul III (Le pape), 38.

Pêcheur (Dom Fulgence), religieux de Vaucluse, 53.

Perrière (De). V. Guillaume.

Perrin. V. Michel.

Philippe II (Le roi) nomme Claude de Bauffremont prieur commendataire de Vaucluse, 40.

Philippe IV (Le roi) nomme Marin Boyvin prieur commendataire de Vaucluse, 42.

Philippe de Hochberg, comte de Neuchâtel en Suisse, 37.

Pierre « de Gaya », religieux, à Vaucluse, 13.

Pierre de Montfort, prieur commendataire de Vaucluse, 37; — abbé de Saint-Vincent de Besançon, 37.

Pierre de « Sanneo » (de Sancey?), religieux de Vaucluse, rebelle, 22.

Pierre de Verges, religieux de Vaucluse, signalé pour sa mauvaise conduite, 15.

Pierre de Vy fait une donation à Vaucluse, 7; — religieux, 7.

Pierre le Vénérable, abbé de Cluny, 6.

Pierre Magnin, curé de l'église paroissiale de Vaucluse, 37.

Pierrefontaine (Eglise de), dépendante de Vaucluse, 35, 37; — redevances à Vaucluse, 47, 48.

Pigeot (Dom Hyacinthe), religieux de Vaucluse, 53.

Ponce, abbé de Cluny, 6.

Ponce, archevêque de Besançon, cède Vaucluse à Cluny, 5.

Ponce, évêque de Belley, assiste à la consécration de l'église de Vaucluse, 4.

Pontarlier. V. Jacques de Mièges.

Port-sur-Saône (Prieur de), visiteur, 12, 27.

Précy (Prieur de). V. Guillaume de Perrière, Louis de Nesson.

Printemps et l'Hiver (Tableau représentant le), 46.

Provenchères (Eglise de), dépendante de Vaucluse, 36; — redevances à Vaucluse, 47, 48.

R

Receveur, procureur de Charles-François de Gand, prieur de Vaucluse, 44.

Receveur (J.-Jos.), maire de Vaucluse, 59.

Regnaud (Dom Germain), sacristain de Vaucluse, 40.

Renaud, prieur de Vaucluse, 11; — visiteur des maisons des provinces d'Allemagne et de Lorraine, 11; — élu abbé de Baume, 12.

Richard, prieur de Vaucluse, 8.

Richard (L'abbé), 9.

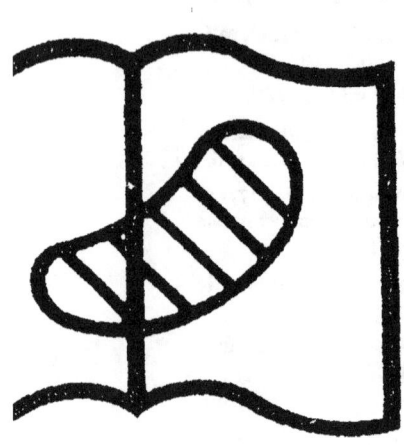

Illisibilité partielle

Valable pour tout ou partie
du document reproduit

Richardot (Dom Bernardin), sous-prieur de Saint-Vincent de Besançon, traite avec les religieux de Vaucluse de l'introduction de la réforme de Saint-Vanne dans le prieuré, 43.

Richardot (Dom Gérard), principal du collège de Dôle, administrateur du prieuré de Vaucluse, introduit à Vaucluse la réforme de Saint-Vanne, 43.

Ringoltingen (Anne de), 38.

Robert, abbé de Cluny, 33, 34.

Roch (L'abbé) fait un règlement pour les détenus de Vaucluse, 58 ; — s'évade de Vaucluse, 61.

Roche (Dom Gabriel de), religieux de Vaucluse, 53. — V. Antoine.

Rohan (Mgr de), archevêque de Besançon, projette d'établir un petit séminaire à Vaucluse, 61.

Romain-Moutier (Prieur de), visiteur, 12.

Romand (Dom Benoit), cellérier de Vaucluse, 52, 53.

Rosières, 57 ; — redevances à Vaucluse, 47.

Rosières (Abbé de). V. Battefort (Antoine-François de).

Rosureux, 53 ; — redevances à Vaucluse, 47, 48, 49. — V. La Thonyère.

Rougemont (De). V. Thiébaud.

Rye (De). V. Claude.

S

Saint-Claude. Abbé. V. Gui d'Usier.

Saint-Hippolyte, 5, 6, 14, 60. — District, 59, 60. — Passage de Pascal II à l'abbaye de ce nom, 6.

Saint-Jean-de-Lône (Prieur de). V. Edmond Belvalet, Jean Fauquier.

Saint-Maurice ; redevances à Vaucluse, 48 ; — comité révolutionnaire, 59 ; — l'instituteur chargé de la surveillance de la prison de Vaucluse, 55.

Saint-Nicolas (De). V. André (Le P.).

Saint-Ours de Soleure (Prévôt de l'église). V. Diessbach (Nicolas de).

Saint-Vanne. Introduction à Vaucluse de la réforme, 43 ; — réforme abandonnée, 50.

Saint-Vincent de Besançon. Abbé. V. Pierre de Montfort. — Sous-prieur. V. Richardot (Dom Bernardin).

Salins, 38. — Notice sur Vaucluse conservée à la bibliothèque, 1.

Salvator et sa saincte mère (Tableau représentant un), 45.

Sancey ; redevances à Vaucluse, 47, 49.

« Sanneo » (De). V. Pierre.

« Scupta. » V. Meliné.

Solemont ; redevances à Vaucluse, 49.

Soudain (Dom Jean), sacristain de Vaucluse, 40.

Soulce (Revenus sur) concédés à Vaucluse, 9 ; — redevances à Vaucluse, 47, 48, 49.

Symonnin Cornuel, 31.

Saint Étienne (Tableau représentant), 46.

Saint Laurent (Tableau représentant), 46.

Saint Pierre (Tableau représentant), 46.

Saint Ursin, patron de Vaucluse, 53.

Sainte Madeleine (Tableaux représentant), 46.

Sainte Marthe (Tableau représentant), 46.

T

Thiébaud, abbé du Lieu-Croissant, fait échange avec Gui, prieur de Vaucluse, 7, 8.

Thiébaud de Neufchâtel (Droit de patronage de) sur Vaucluse, 22.

Thiébaud de Rougemont, 4; — confirme la donation de Vaucluse à Cluny, 5; — négocie un échange entre Gui, prieur de Vaucluse, et Thiébaud, abbé du Lieu-Croissant, 7; — intente un procès à l'église de Vaucluse, 8.

Thierry, comte de Montbéliard, 4.

Tisserand (Dom Pierre), sacristain de Vaucluse, 39.

Toissenère (De). V. Amédée.

U

Ulric, prieur de Vaucluse. V. Orry.

Urbain II (Le pape) confirme à Hugues III, archevêque de Besançon, la possession de Vaucluse, 3.

Usier (D'). V. Gui.

V

Vagenans (Le petit), échangé entre Gui, prieur de Vaucluse, et Thiébaud, abbé du Lieu-Croissant, 7.

Valclusa, 2, 6; — Valcluse, 2; — Vallis clausa, 2; — Vallis clusa, 2. V. Vaucluse.

Valonne; redevances à Vaucluse, 47. — Quinze habitants de Valonne enfermés à Vaucluse pendant la Révolution, 55.

Varin; redevances à Vaucluse, 47.

Vaucluse. Noms anciens, 2. V. Valclusa, Valcluse, Vallis clausa, Vallis clusa. — Notices, 1, 2. V. André de Saint-Nicolas (Le P.), Chassignet (Dom Constance). — Origine, 2, 3. V. André de Saint-Nicolas (Le P.), Clerc (M. Ed.). — Couvent de clercs réguliers (?), 3. — Assigné en partage à Louis-le-Germanique, 3; puis à Hugues III, archevêque de Besançon, 4; — église consacrée par Hugues III et réunie à Saint-Jean de Besançon, 4; — possédé par des seigneurs séculiers, 4; — donné à l'ordre de Cluny, 5; — donation confirmée par Pascal II, 5, 6; par Honorius II, 6; Innocent III, Grégoire X, Nicolas IV, 9; — échange avec Thiébaud, abbé du Lieu-Croissant, 7; — donation de Pierre de Vy, 7; — procès avec Thiébaud de Rougemont, 8. — Serfs de l'évêque de Bâle à Vaucluse, 8. — Vaucluse reçoit des seigneurs de la Roche les terres de la Lizerne, des revenus sur Montandon, Orgeans et Soulce, 9. — Donations du sire de Belvoir à Battenans, sur le Dessoubre, à Bretonvillers, à Menans, 13. — Vaucluse inscrit dans le dénombrement des fiefs du comté de Bourgogne pour 400 livrées de terre et taxé pour 100 livres, 12; — détruit par un incendie, 13. — Visites de Vaucluse, 10, 12, 15, 16, 21, 33, 41. — Vaucluse endetté, 10, 20, 33. — Mauvais état du prieuré, 13, 15, 16, 18, 19, 20, 22, 24. — Etat satisfaisant du prieuré, 11, 12, 21, 22, 23, 24, 25, 26, 27, 32, 33. — Vaucluse administré par l'archevêque de Besançon, 18, 19, 20; — rachète les droits possédés sur le prieuré par le seigneur de Belvoir, 21 ; — droit de patronage de Thiébaud de Neufchâtel, 22. — Rachat des droits du seigneur de Belvoir sur le prieuré de Vaucluse, 21, 22. — Requête faite au prieur par le braconnier du comte de Neufchâtel, relative au droit de gîte, 29. — Aliénation des biens du prieuré sis dans le comté de Montbéliard, dans la seigneurie de Blamont et à Dampierre, 38. — Misère des religieux, 42. — Inventaires du mobilier, 42, 45. — Réforme de Saint-Vanne introduite à Vaucluse, 43, 44. — Tableaux conservés à Vaucluse, 45, 46. — Dîmes dues à Vaucluse, 46, 47, 48, 49. — Vaucluse revient à l'ordre de Cluny, 49, 50. — La prospérité renaît à Vaucluse, 50. — Union du prieuré de Vaucluse à l'Université de Besançon, 51; — prise de possession par Bullet et Lefèvre, professeurs, 51 ; — traité avec l'Université au sujet des devoirs et des droits des deux parties, 53. — Relâchement de la discipline et des mœurs à Vaucluse, 53. — Argenterie du prieuré envoyée à la Monnaie, 54. — Suppression du prieuré, 54. — Vaucluse devient une prison pour les suspects, 54. — Plaintes des détenus, 55. — Genre de vie des détenus, 58; — mis en liberté provisoire d'un certain nombre d'entre eux, 59; — leur réintégration en prison, 60; — évasion de quelques-uns et élargissement des autres, 61. — L'église de Vaucluse est détruite par la foudre, 61. — Mgr de Rohan, archevêque de Besançon, projette d'établir à Vaucluse un petit séminaire, 62. — Cartulaire, 6, 9. V. Hugo qualiscumque monachus. — Prieurs réguliers, 6. V. Amédée de Toissenère, Edmond Belvalet, Elyon de Lantenne, Gui, Gui d'Usier, Guillaume de Cossonay, Guillaume de « Dondano, » Guillaume de Perrière, Jacques, Jacques de Domprel, Jacques de Mièges, Jean, Jean du Vernois, Jean Fauquier, Léonard de Cléron, Orry ou Ulric, Renaud, Richard, Ulric ou Orry. — Réprimandes infligées aux prieurs par le chapitre général de Cluny, 10, 23. — Prieurs félicités pour leur bonne administration, 21, 24, 25, 26. — Réprimandes infligées aux prieurs par le chapitre général de Cluny, 10, 23. — Prieurs de Vaucluse désignés comme visiteurs de maisons de l'ordre de Cluny, 10, 12, 24, 25, 27, 33. — Prieurs de Vaucluse définiteurs au chapitre général, 24, 25, 27, 29. — Prieur de Vaucluse étudiant à Bologne, 24. — Prieur chargé de faire une enquête sur les actes du prieur et de deux religieux de Froidefontaine, 25. — Prieur excommunié pour n'être pas allé au chapitre général, 27, 34. — Prieurs commendataires, 36. V. Battefort (Antoine-François de), Bauffremont (Claude de), Bauffremont (Claude-François de), Boyvin (Marin), Claude de Rye, Diessbach (Nicolas de), Edmond Belvalet, Gand (Charles-François de), Gand (François-Albert de), Girin Marin ou Gui Martin, Jean, archevêque de Raguse, Marin (François), Marnay (César de), Outhenin (Henri), Pierre de Montfort, Richardot (Gérard). — Prieurs claustraux. V. Boudret (Dom Gabriel), Dieulefit (Dom Hugues). — Religieux de Vaucluse administrateurs des églises ou des paroisses voisines, 36. — Religieux cités. V. Bousson (Ildefonse), Charlemagne (Dom), Etienne, Girard, Hugo qualiscumque monachus, Hugues, Hugues de Nans, Hugues de Vauclusotte, Jean Mongnet, Jeunet (Maur), Pêcheur (Fulgence), Pierre de «Sanneo,» Pierre de Verges, Pierre de Vy, Pigeot (Hyacinthe), Regnier, Richard, Roche (Gabriel de), Romand (Benoît). — Sacristains. V. Bretenois (Pierre), Colin (Jean), Cugnotet (Jean), Etienne, Mareschal (Rolin), Mathieu (Pierre), Monnot (Hugues), Regnaud (Germain), Soudain (Jean), Tisserand (Pierre), Vaux (Ursin de).

Vaucluse; redevances des habitants au prieuré, 47, 49. — Le curé frappe et blesse grièvement le frère Hugues, 16, 17. — V. Pierre Magnin. — Comité révolutionnaire, 54, 59, 60.

Vaucluse (Seigneurs de), 4, 8.

Vauclusotte (De). V. Hugues.

Vaux, 49. — Prieur, visiteur, 10, 15.

Vaux (Dom Ursin de), sacristain de Vaucluse, 41.

Velle... redevances à Vaucluse, 4..

Verges (De). V. Pierre.

Vergy (Doyen de). V. Gui d'Usier.

Vernois; redevances à Vaucluse, 47.

Vernois (Du). V. Geoffroi, Jean.

Vie et la Mort (Tableau représentant la), 46.

Vierge martyre (Tableau représentant une), 45.

Viriville (Prieur de), enquêteur, 25.

Vy (De). V. Pierre.

Vyt-les-Belvoir; droits dus à Vaucluse, 48.

Wehrli (Marguerite), 39.

Y

Yves, abbé de Cluny, 12.

Imp. et lith. Victor Barbier à Montbéliard.

LE PRIEURÉ DE VAUCLUSE.

(D'Hozier, Bourgogne, I, 426.)

BÉNÉDICTINS DE VAUCLUSE.

(D'Hozier, Bourgogne-Comté, p. 312.)

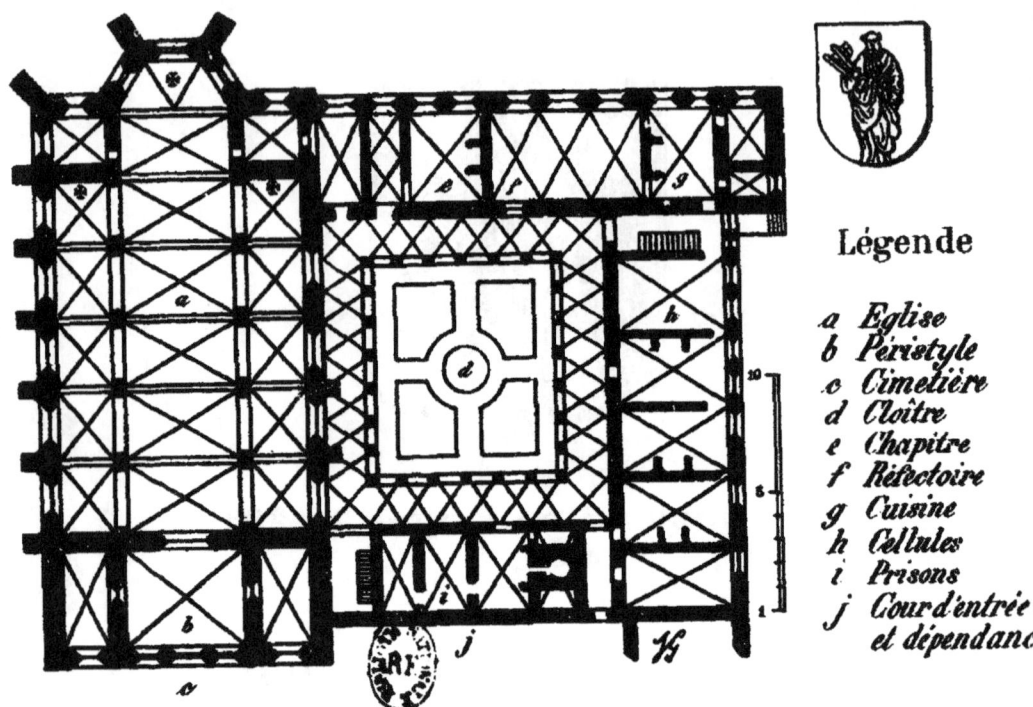

PLAN DU PRIEURÉ BÉNÉDICTIN DE VAUCLUSE EN 1790.

www.ingramcontent.com/pod-product-compliance
Lightning Source LLC
LaVergne TN
LVHW050629090426
835512LV00007B/753